Lý Quí Phát,
le père de mes mères.

Lê Kiêm Gương,
la mère de mes mères.

Avec maman et les ramboutans.

Le SECRET des VIETNAMIENNES

KIM THÚY

Le SECRET des VIETNAMIENNES

TRÉCARRÉ
Une société de Québecor Média

Catalogage avant publication de Bibliothèque et Archives nationales du Québec et Bibliothèque et Archives Canada

Thúy, Kim
      Le secret des Vietnamiennes
      Comprend un index.
      ISBN 978-2-89568-714-6
      1. Cuisine vietnamienne. 2. Accord des vins et des mets. 3. Livres de cuisine. I. Titre.

TX724.5.V5T48 2017   641.59597   C2017-941459-3

Édition : Johanne Guay
Adjointe à la rédaction : Nathalie Béland
Révision et correction : Pascale Jeanpierre, Justine Paré et Sophie Sainte-Marie
Couverture, grille graphique et mise en pages : Marike Paradis
Portraits de la famille de Kim Thúy et photos des recettes : Sarah Scott, www.sarahscottphoto.ca
Photos du Vietnam : Gilles Dufour
Photos des pages 161, 170 et 178 : Andy Long Hoang
Photos des pages 148, 176 et 177 : Trí Nguyen
Photo de la page 186 : Quôc Lý

Remerciements
Nous remercions la Société de développement des entreprises culturelles du Québec (SODEC) du soutien accordé à notre programme de publication.
Gouvernement du Québec – Programme de crédit d'impôt pour l'édition de livres – gestion SODEC.

Les Éditions du Trécarré
Groupe Librex inc.
Une société de Québecor Média
La Tourelle
1055, boul. René-Lévesque Est
Bureau 300
Montréal (Québec) H2L 4S5
Tél. : 514 849-5259
Téléc. : 514 849-1388
www.edtrecarre.com

Dépôt légal – Bibliothèque et Archives nationales du Québec et Bibliothèque et Archives Canada, 2017

ISBN : 978-2-89568-714-6

Distribution au Canada
Messageries ADP inc.
2315, rue de la Province
Longueuil (Québec) J4G 1G4
Tél. : 450 640-1234
Sans frais : 1 800 771-3022
www.messageries-adp.com

Diffusion hors Canada
Interforum
Immeuble Paryseine
3, allée de la Seine
F-94854 Ivry-sur-Seine Cedex
Tél. : 33 (01) 49 59 10 10
www.interforum.fr

Il m'est impossible de compter le nombre de repas que j'ai préparés pour Francis, Justin et Valmond. Ma cuisine ouvre dès 15 heures, soit l'heure du retour de l'école de Valmond. Dès qu'il passe le seuil, j'ouvre le feu de mon poêle. « Pâtes ou riz ? » Comme au restaurant, il choisit : « Poulet, poisson, porc ? »

Vers 17 heures, je commence mon deuxième repas. Justin n'a jamais mangé le menu pour enfants, ni à l'hôtel, ni à la maison. Nous avons toujours partagé avec lui nos plats au restaurant. Étant donné qu'il ne souffre d'aucune allergie, il mange de tout, contrairement à Valmond, qui a beaucoup d'exigences au plan tant des méthodes de cuisson que des épices et des ingrédients. Justin aime tout, de la salade de gésiers au pâté chinois, en passant par le cari au tofu thaïlandais, les moules, le carpaccio... Une fois, vers l'âge de dix ans, il a été offensé par un serveur qui doutait de son choix de ris de veau. C'est pourquoi je prépare toujours un plat différent pour Justin afin de ne pas lui imposer les contraintes de Valmond.

Mon dernier service est pour Francis vers 19 h 30-20 heures. Même lorsque nous mangeons un plat de spaghettis, je prépare une nouvelle portion de pâtes parce qu'elles ne seraient pas aussi bonnes réchauffées au micro-ondes ou même sur le feu. Il va de soi qu'un sauté de légumes doit se manger le plus possible sur-le-champ, de même que le carré d'agneau. Alors je rallume mon rond droit, qui a rarement le temps de refroidir.

De 15 heures à 21 heures, Valmond a mille petites demandes : blé d'Inde, biscuits, bagel au fromage à la crème, pain naan au beurre, jus de lime fraîchement pressée...

En somme, ma cuisine à la maison est presque aussi dynamique que celle de mon ancien restaurant. Cette routine peut sembler exigeante. Mais je dois vous avouer que je l'exécute avec entrain pour deux raisons. La première relève de mon incapacité à verbaliser mon amour pour eux ou même à le manifester avec des gestes affectueux. Comme mes parents et ma grande famille vietnamienne, je m'appuie donc sur la nourriture pour leur exprimer du mieux que je peux l'inconditionnel de mes sentiments. La seconde raison : j'estime que rendre une personne heureuse ou savoir lui faire plaisir est un privilège précieux. La cuisine me permet d'utiliser ce privilège presque tous les jours, trois fois par soir, et ainsi de ressentir la félicité au quotidien grâce à ce rituel.

SOMMAIRE

INTRODUCTION

Dès que vous traversez le seuil d'une maison vietnamienne, vous êtes immédiatement bombardé par les variations d'une seule et même question : « Tu as déjà mangé ? » ; « Tu veux manger quelque chose ? » ; « Viens manger » ; « Mange un petit morceau » ; « J'ai un poulet encore tout chaud » ; « Viens goûter aux choux à la crème »…

Nous n'avons pas l'habitude de verbaliser nos joies, et encore moins notre affection. Nous empruntons la nourriture comme outil pour exprimer nos émotions. Mes parents ne me disent pas « Tu nous as manqué » mais plutôt « J'ai préparé des rouleaux de printemps », sachant que ce plat me plaît en tout temps, en toutes circonstances. De même, ils me rapportent que mes fils ont mangé trois portions pour me rassurer pendant mes voyages à l'étranger. Quand nous allions visiter ma grand-mère à New York, ma mère remplissait le coffre des plats préférés de sa mère. Mon père se moquait de ma mère, mais il prend encore des vols jusqu'à Washington D.C. pour remplir de plats vietnamiens un autre coffre d'auto qui le conduit jusque chez mon oncle, qui habite dans un coin reculé de la Pennsylvanie. Cet oncle de quatre-vingt-douze ans est le frère aîné de mon père, et il l'avait nourri et hébergé pendant ses études universitaires. Mon père le considère comme un père et tente d'exprimer sa gratitude à travers le meilleur saucisson, le meilleur ragoût de bœuf à la citronnelle, la meilleure crêpe à la vapeur, le meilleur gâteau de riz collant, les meilleures crevettes séchées trouvées dans les marchés vietnamiens.

Dans le camp de réfugiés, ma mère et mes Tantes 6 et 8 tentaient du mieux qu'elles pouvaient de transformer les poissons que nous recevions six jours sur sept pour donner un semblant de normalité à l'heure des repas. Un jour, ma mère a pu faire de la pâte pour préparer des raviolis. Je me rappelle très clairement comment elle était assise par terre avec le couvercle du fût que nous utilisions en guise de réservoir d'eau. Elle roulait sa boule de pâte sur cette plaque de métal rouillée mais qui portait encore ici et là la couleur jaune de sa peinture originale. La suite importait peu, car nous étions déjà immensément heureux de la voir cuisiner autre chose que du riz et du poisson. Nous avons vécu ensemble un moment festif.

Récemment, quelqu'un m'a demandé de décrire mon repas le plus mémorable. Il m'est impossible de faire la liste de toutes les expériences culinaires que j'ai eu la chance de vivre. Les unes ont été plus marquantes que les autres autant grâce aux talents des chefs que par la conversation des convives autour de la table. Alors, comment choisir entre un soir de rires aux larmes devant un énorme plateau d'huîtres et un repas de sushis où le « maître » comptait le nombre de secondes entre le moment où il déposait le morceau de poisson sur la boule de riz et le moment où nous le dégustions ? Comment ne pas parler des *pierogi* de la mère de mon éditrice polonaise, des irremplaçables palourdes vietnamiennes et d'une pointe de tarte poire et pistache dégustée sur les marches d'une église ? Comment ne pas mentionner les pâtes fraîches d'un restaurant en verrière au milieu d'un parc à Palerme et l'incomparable et l'inégalable sandwich au homard de Francis ? Il y a eu aussi les réceptions grandioses données par le roi de la Malaisie et la princesse Caroline de Monaco, les premiers ministres, les ministres et les ambassadeurs… Cela dit, parmi tous ces repas et ceux du quotidien, un seul s'est gravé dans ma mémoire, dans mon cœur, sur ma personne.

Avant que les verres en plastique soient utilisés partout sur la planète, les marchands en Asie du Sud-Est vendaient les boissons en vidant la bouteille dans un sac en plastique transparent rempli de glace. Par la suite, ils inséraient une paille et refermaient le sac avec un élastique. Ainsi, ils récupéraient sur place la bouteille. Je ne sais par quel miracle nous avons eu un sac rempli d'une boisson gazeuse pendant notre séjour au camp de réfugiés. Nous étions un groupe de treize debout autour de ce sac sous le soleil brûlant. Nous n'avions pas bu d'eau réellement potable ni rien vu de froid depuis des mois. Les gouttes de condensation brillaient dans la chaleur comme de précieux diamants. Nous passions le sac d'une main à l'autre en commençant par Nhơn, mon plus jeune frère, qui avait à peine six ans. J'étais certaine que le petit sac ne pourrait faire qu'un tour puisque nous avions tous si soif. Pourtant, il a tourné au moins trois fois. Sans consigne aucune, nous nous sommes tous retenus et n'avons fait que nous mouiller les lèvres.

En plus des mille leçons que j'ai apprise de cette précieuse expérience, elle me confirme que j'ai été élevée par un village. Par la force et la dignité des membres de ce village. Je leur dois l'humaine que je suis devenue.

Les pages qui suivent vont vous présenter ma mère et mes tantes-mères. Dans le sud du Vietnam, nous nous désignons souvent par le chiffre qui représente l'ordre de notre naissance dans la famille. Étant donné que le 1 est réservé au notable du village, le compte commence à 2. Ma mère est la deuxième enfant, c'est pourquoi elle est appelée Grande Sœur 3 par ses plus jeunes sœurs et, moi, j'appelle mes tantes par leur chiffre : 4, 5, 6, 7, 8. Ainsi, la hiérarchie s'impose dans la conversation, tout comme l'autorité.

GRANDE SŒUR 3 — *LÝ KIM THỦY*

Ma mère est très douée en mathématiques. Née à une autre époque, dans un autre cadre, elle aurait tenté de devenir ingénieure.

D'ailleurs, elle a obtenu avec une grande facilité un diplôme en techniques aéronautiques durant nos premières années au Canada. Je crois qu'elle aurait été une excellente pédagogue, car elle aime transmettre ses connaissances. Elle nous répète souvent qu'elle nous transporte d'une rive à l'autre comme un traversier. Je dirais qu'elle est plutôt un sherpa qui nous guide dans nos périples.

LA BASE

Bún

Bánh hỏi

Hủ tiếu

Bún tàu

Bún gạo

Bánh phở

LES VERMICELLES

Comme chez les Italiens avec les pâtes, les Vietnamiens ont une sorte spécifique de vermicelle pour chaque plat.

La soupe tonkinoise se mange avec des vermicelles plats. Certains préfèrent les larges, et d'autres, les moyens, mais ils doivent être plats. Les rouleaux impériaux sont servis avec les ronds. Le goût relevé de la soupe repas au bœuf de Huê exige un vermicelle rond, mais plus gros, alors que le ragoût de bœuf à la citronnelle a meilleur goût avec un plat, évidemment. Une erreur commise quant à la taille ou à la forme des vermicelles attire au mieux une pluie de commentaires et, au pire, une attaque sur tout l'arbre généalogique !

Contrairement aux pâtes italiennes, les vermicelles sont très capricieusement fragiles. La façon la plus prudente et la plus facile pour les réussir est de les submerger dans une casserole d'eau froide sur le feu. À l'ébullition, on éteint le feu. Selon la taille des vermicelles, on attend de 3-4 minutes à 6-7 minutes pour obtenir la consistance recherchée. Égouttez et rincez le tout avec de l'eau froide. Normalement, on devrait pouvoir ainsi servir des vermicelles parfaits et préserver l'honneur de la famille au complet !

Coriandre
vietnamienne

Herbe de paddy

Feuilles de bétel

Coriandre
longue

Basilic thaïlandais

Menthe

Ciboulette
à l'ail

Coriandre

Menthe-
poisson

LES HERBES

La cuisine vietnamienne tourne autour des arômes et des parfums des herbes fraîches. Si je devais choisir un mot pour la décrire, je prendrais «fraîcheur». Car même lorsque nous désirons relever un plat avec le goût «piquant», les piments sont souvent ajoutés ou servis frais, entiers, hachés ou en fines rondelles.

Que ce soit une soupe tonkinoise ou une brochette de viande grillée, presque tous les plats sont accompagnés d'herbes fraîches. Nous les mangeons crues, sans vinaigrette, sans sel, ni huile. La soupe aux crabes des champs et tomate vient toujours avec l'assiette de fleurs de bananier, de liseron d'eau et de shiso. Le mijoté de poisson et d'aubergine se définit par le panier de tiges de nénuphar, de fèves germées et de son mélange d'herbes. Quant au poisson au curcuma, il contient trois fois plus d'aneth que de poisson. Les crevettes cuites dans leur caviar ne se révèlent complètement qu'avec les haricots ailés.

Quand j'avais mon restaurant Ru de Nam, je n'étais pas capable de manger ce que je cuisinais à la fin de la journée, à l'exception des rouleaux de printemps. Je ne m'en lasse jamais parce qu'ils m'enivrent avec le mélange de leurs feuilles : la menthe-poisson, la ciboulette à l'ail, le basilic thaïlandais, le basilic vietnamien, la menthe, la coriandre. Elles libèrent leur fraîcheur dès les lèvres lorsqu'on prend la première bouchée. Elles se fusionnent et offrent des arômes changeant au fur et à mesure qu'on les mâche. Dans la gorge, elles laissent le parfum du bouquet en souvenir, longtemps après… comme le goût d'un baiser amoureux.

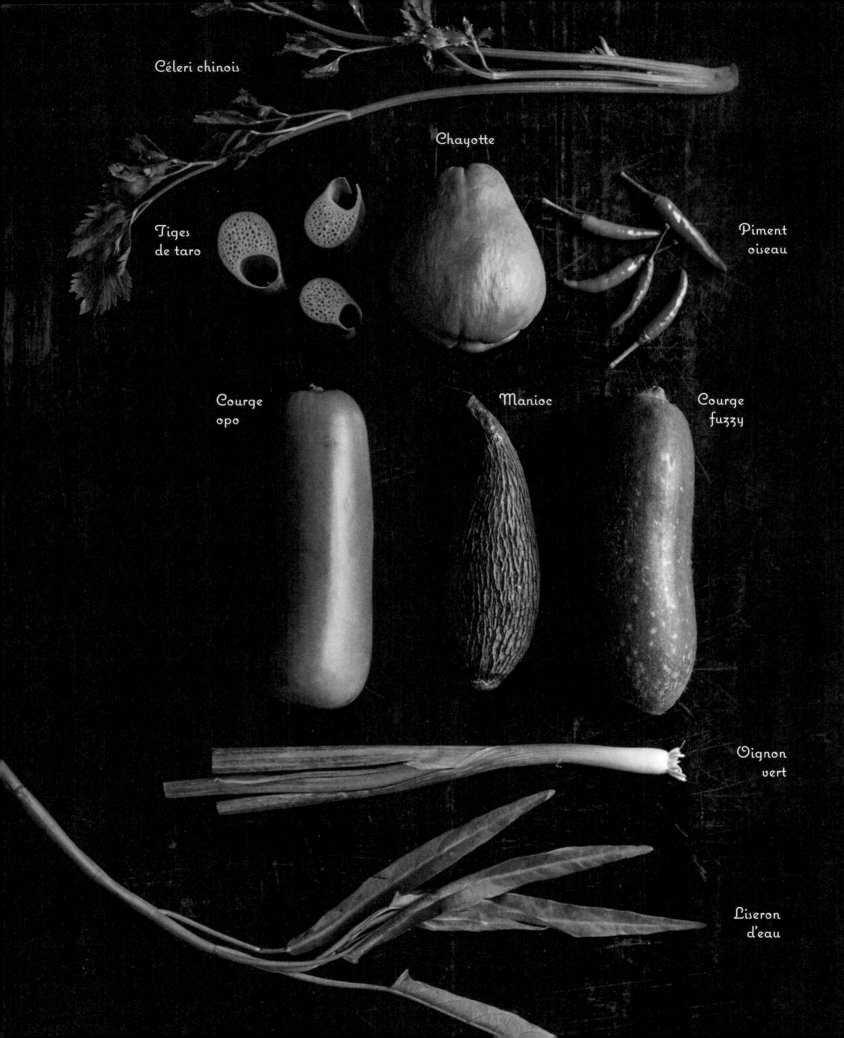

Céleri chinois

Chayotte

Tiges
de taro

Piment
oiseau

Courge
opo

Manioc

Courge
fuzzy

Oignon
vert

Liseron
d'eau

LES LÉGUMES

À table, tous les plats sont servis en commun, en même temps. Il n'y a pas d'ordre. Nous pouvons passer d'un morceau de viande à une cuillère de soupe, poursuivre avec une bouchée de poisson et reprendre une gorgée de soupe. Par courtoisie, l'hôtesse pourrait retourner ses baguettes afin d'utiliser le bout propre pour placer le meilleur morceau dans le bol de riz d'un invité. Il y a énormément de va-et-vient autour des plats.

Normalement, l'assiette de légumes est la plus volumineuse de toutes, que ce soit des liserons d'eau ou des chayottes sautées, des okras ou du chou blanchi. Les légumes, crus ou cuits, jouent le rôle principal, et les viandes se contentent de les accompagner discrètement. C'est pourquoi, lors d'une des premières invitations à souper d'une famille de Granby, j'ai spontanément remis au milieu de la table le morceau de bifteck placé devant moi en pensant qu'il devait être partagé entre tous. À côté de cette gigantesque portion de viande, les quelques rondelles de carotte ressemblaient à une simple décoration.

Nos habitudes alimentaires ont beaucoup changé après quarante ans de vie au Québec. Les portions de viande sont devenues plus généreuses. Mais l'assiette de légumes reste une constance. On compte les asperges non pas en nombre de tiges, mais en termes de demi-botte par personne. Les bok choys se vendent en sac de 500 grammes. Les daïkons ont la taille de bâtons de baseball...

Bref, si le dessinateur du frigo était vietnamien, il réserverait un tiroir pour la viande et le reste pour les légumes.

Papaye

Pomme
d'amour

Pomme
cannelle

Longane

Fruit du jaquier

LES FRUITS

Les Vietnamiens du Sud ont la dent sucrée. Des gourmandises de toute sorte, allant des lamelles de noix de coco confites aux fruits de jaquier séchés, du jus de canne à sucre fraîchement pressé au pudding de tapioca, du gâteau de manioc au carré de noix de cajou et de sésame, en passant par le flan au caramel, les bananes frites, la crème glacée aux fèves rouges. Ces sucreries se mangent à toute heure de la journée.

Dans les années 1990, quand j'étais avocate à Hanoi, en fin de soirée je sortais manger deux ou trois boules de pâte de riz collant fourrées aux haricots mungo, assise sur un petit banc en plastique à quinze centimètres du sol sur un bout de trottoir.

En fin de repas, nous servons plutôt une assiette de plusieurs sortes de fruits pelés et coupés qui viennent tapisser l'intérieur de la bouche d'un nouveau goût selon le mot *tráng miệng* qui signifie «dessert». Contrairement aux pommes et aux poires, les durians, les ananas, les sapotiers, les mangoustans, les ramboutans, les pomélos, les longanes, les mangues, les papayes exigent un peu d'effort de notre part avant de nous livrer leur chair. Ces fruits nous offrent les saveurs du soleil enivrant et les parfums de la chaleur des tropiques. Ils sont une partie si essentielle et si évidente du quotidien vietnamien que l'assiette de fruits côtoie les grandes bouteilles de cognac et la liste des bières importées sans gêne ni complexe dans les bars de karaoké.

Chez les Vietnamiens, les fruits sont rois !

LES GALETTES DE RIZ

Il y a quarante ans, il était difficile de trouver des galettes de riz. Ma mère tentait alors d'en faire à la maison, ce qui n'était pas tout à fait réussi, pour ne pas dire assez raté.

Aujourd'hui, on en trouve partout, des grandes, des petites, des carrées, des rondes... Sèches, elles sont très cassantes, mais une fois réhydratées elles deviennent souples et douces comme une belle petite peau. On doit les utiliser avant qu'elles sèchent de nouveau. Malheureusement, elles ne tolèrent que difficilement une seconde hydratation. C'est pourquoi nous vous proposons de placer quelques vaporisateurs remplis d'eau tiède sur la table. Chaque convive peut ainsi humidifier sa propre galette au moment voulu.

(Lorsqu'une galette refuse de s'assouplir après 30 secondes d'hydratation, il est fort probable qu'elle ne cédera jamais. La meilleure solution est de l'écarter et de recommencer avec une autre galette.)

LES FÛTS DE SAUCE DE POISSON

La plupart des Vietnamiens ne pourraient pas cuisiner, ni même VIVRE, sans la sauce de poisson, qui est une fermentation d'anchois dans du sel pendant douze mois. Ne soyez pas repoussé par l'odeur. Elle ne goûte pas ce qu'elle sent. Soyez avisé que, si vous l'adoptez, vous la trouverez irremplaçable et vous lui voulerez un attachement inconditionnel, car aucun autre ingrédient ne pourra donner son goût unique.

Mon Oncle 9 vous dira qu'un morceau de steak saignant ne sera jamais aussi bon que lorsqu'on l'agrémente de quelques gouttes de sauce de poisson au piment frais juste une seconde avant d'y mordre. Je vous dirai que je suis d'accord avec lui. La sauce au poivre ne réussit pas à l'égaler. Il s'agit peut-être d'une question de goût, ou encore d'un souvenir d'enfance. Cela dit, nous nous considérons comme entièrement objectifs et impartiaux !

« Un jour que nous étions plongées dans la noirceur d'un camion-cube en route pour ramasser les fraises, ou les haricots, ma mère m'a raconté qu'une femme, une journalière, attendait son employeur en face de chez mon grand-père maternel chaque matin. Et chaque matin, le jardinier de mon grand-père lui apportait une portion de riz collant, enveloppée dans une feuille de bananier. Chaque matin, debout dans le camion qui la transportait jusqu'aux plantations d'hévéas, elle regardait le jardinier s'éloigner au milieu du jardin de bougainvilliers. Un matin, elle ne l'a pas vu traverser le chemin de terre pour lui apporter son petit-déjeuner. Puis un autre matin... et un autre. Un soir, elle a donné à ma mère une feuille noircie de points d'interrogation, uniquement des points d'interrogation. Rien d'autre. Ma mère ne l'a plus jamais revue dans le camion bondé d'ouvriers. Cette jeune fille n'est jamais retournée ni aux plantations ni au jardin de bougainvilliers. Elle a disparu sans savoir que le jardinier avait demandé en vain à ses parents à lui l'autorisation de l'épouser. Personne ne lui a dit que mon grand-père avait accepté la demande des parents du jardinier de le muter dans une autre ville. Personne ne lui a dit que le jardinier, son amour à elle, avait été forcé de partir sans pouvoir lui laisser de lettre parce qu'elle était analphabète, parce qu'elle était une jeune fille qui voyageait en compagnie des hommes, parce qu'elle avait la peau trop brûlée par le soleil. »

Extrait de *Ru*, p. 79, Libre Expression, 2009

SAUCE DE POISSON DILUÉE — *NƯỚC MẮM CHUA*

(Donne 250 ml ✖ Préparation 5 min.)

INGRÉDIENTS

- ¼ tasse (60 ml) de sucre
- ½ tasse (125 ml) d'eau
- ¼ tasse (60 ml) de sauce de poisson
- ¼ tasse (60 ml) de jus de lime ou de vinaigre

PRÉPARATION

1 — Déposer tous les ingrédients dans un bol et remuer jusqu'à ce que le sucre soit complètement dissous. ✖

Se conserve 1 mois au réfrigérateur.

VINAIGRETTE À LA SAUCE DE POISSON — *NƯỚC MẮM GỎI*

(Donne 450 ml ✖ Préparation 5 min.)

INGRÉDIENTS

- ½ tasse (125 ml) de sucre
- ½ tasse (125 ml) d'eau
- ½ tasse (125 ml) de sauce de poisson
- ½ tasse (125 ml) de jus de lime ou de vinaigre

PRÉPARATION

1 — Déposer tous les ingrédients dans un bol et remuer jusqu'à ce que le sucre soit complètement dissous. ✖

Pour la vinaigrette, les ingrédients sont exactement les mêmes que pour la sauce de poisson diluée, seule la quantité d'eau est réduite pour donner une plus forte concentration.

SAUCE À L'OIGNON VERT — *MỠ HÀNH*

(Donne 300 ml × Préparation 15 min. × Cuisson 15 min.)

INGRÉDIENTS

- 1 tasse (250 ml) d'huile végétale
- 12-15 oignons verts, coupés en rondelles

PRÉPARATION

1 — Verser l'huile dans une grande poêle en inox et faire chauffer à feu moyen-vif. **2** — Ajouter les oignons verts, bien remuer, porter à frémissement et retirer du feu. **3** — Laisser reposer pendant 10 minutes, en brassant à l'occasion. ×

Se conserve 1 mois au réfrigérateur dans un contenant hermétique.

Traditionnellement, nous y faisions fondre des petits cubes de lard. Ainsi, le gras du lard donnait un goût plus prononcé à l'huile alors que les cubes, une fois dorés, devenaient croustillants comme les oreilles de christ.

SAUCE HOISIN AROMATISÉE — *TƯƠNG*

(Donne 400 ml ✕ Préparation 10 min. ✕ Cuisson 5 min.)

INGRÉDIENTS

• 1 c. à soupe (15 ml) de farine de riz gluant
ou de fécule de maïs

• 1 tasse (250 ml) d'eau

• ½ tasse (125 ml) de sauce hoisin

• 2 c. à soupe (30 ml) de sauce soya

• Pâte de piment ou piment frais, au goût

• Arachides concassées

PRÉPARATION

1 — Diluer la farine de riz dans la moitié de l'eau. **2** — Verser le reste de l'eau et les sauces hoisin et soya dans une petite casserole, et chauffer à feu moyen en brassant constamment. **3** — Ajouter la farine diluée, porter à ébullition et cuire jusqu'à ce que le mélange devienne collant. **4** — Retirer du feu. **5** — Aromatiser de pâte de piment ou de piment frais et saupoudrer d'arachides concassées. ✕

Se sert chaud, tiède ou froid.

Certains utilisent le beurre d'arachide pour épaissir la sauce.
Personnellement, je préfère le croquant des arachides concassées.

FARINE DE RIZ GRILLÉ — *THÍNH*

(Donne 125 ml ✗ Préparation 5 min. + temps de repos ✗ Cuisson 15 min.)

INGRÉDIENT

• ⅔ tasse (170 ml) de riz ou riz gluant

PRÉPARATION

1 — Faire griller le riz à sec dans une poêle en inox chauffée à feu moyen, jusqu'à ce que tous les grains soient bien colorés. **2** — Laisser refroidir les grains de riz et les moudre jusqu'à l'obtention d'une texture de farine. ✗

Se conserve dans un bocal hermétiquement fermé.

Il est possible d'en acheter en sachet dans les épiceries asiatiques. Le plaisir est de sentir le parfum de ce riz qui se dégage en même temps qu'il prend de la couleur dans la poêle ou sur la plaque dans le four. Faites l'expérience même si vous n'en avez pas besoin.

RIZ JASMIN — *CO'M*

(2 portions ✕ Cuisson 15 min.)

INGRÉDIENTS

• 1 tasse (250 ml) de riz jasmin

• 1 ½ tasse (375 ml) d'eau froide

PRÉPARATION À LA CASSEROLE

1 — Déposer le riz dans une casserole de 2 litres (8 tasses), verser suffisamment d'eau pour bien le couvrir et frotter les grains entre les mains quelques fois. **2** — Retirer l'eau et répéter la même opération à 1-2 reprises, jusqu'à ce que l'eau qui s'écoule soit presque claire. Bien égoutter. **3** — Dans une casserole, verser l'eau froide et porter à ébullition. **4** — Ajouter le riz. Baisser le feu, couvrir et poursuivre la cuisson à frémissement pendant 10 minutes. **5** — Retirer du feu et laisser reposer pendant 5 minutes sans retirer le couvercle. **6** — Remuer délicatement à la fourchette ou avec des baguettes de façon à séparer les grains de riz et servir aussitôt. ✕

PRÉPARATION AU CUISEUR À RIZ

1 — Déposer le riz dans une casserole de 2 litres (8 tasses), verser suffisamment d'eau pour bien le couvrir et frotter les grains entre les mains quelques fois. **2** — Retirer l'eau et répéter la même opération à 1-2 reprises, jusqu'à ce que l'eau qui s'écoule soit presque claire. Bien égoutter. **3** — Déposer le riz dans le cuiseur. Verser l'eau froide dessus, couvrir et actionner la fonction cuisson. **4** — Laisser reposer le riz pendant 5 minutes une fois la cuisson terminée. **5** — Remuer délicatement à la fourchette ou avec des baguettes de façon à séparer les grains de riz et servir aussitôt. ✕

*La méthode infaillible pour mesurer l'eau de cuisson est d'utiliser son index, évidemment !
Donc, pour être très très très précise, le niveau d'eau doit arriver un brin en dessous de la
première phalange à partir de la surface du riz.*

LÉGUMES MARINÉS À LA VIETNAMIENNE — *ĐỒ CHUA*

(Donne 500 ml ✕ Préparation 10 min. + temps de repos)

INGRÉDIENTS

• 2 tasses (500 ml) de légumes
(carotte et/ou daïkon), coupés en julienne

• 1 c. à thé (5 ml) de sel

• ¼ tasse (60 ml) de vinaigre de riz

• 2 c. à soupe (30 ml) de sucre

PRÉPARATION

1 — Mélanger les légumes avec le sel et attendre 15 minutes. **2** — Retirer et bien égoutter. **3** — Mélanger le vinaigre de riz et le sucre dans un pot de type Mason de 3 tasses (750 ml), ajouter les légumes, visser le couvercle et bien remuer. **4** — Laisser mariner au frais pendant au moins 30 minutes, en brassant à quelques reprises. ✕

Se conserve 5 jours au réfrigérateur.

LAMELLES D'ÉCHALOTE FRANÇAISE AU VINAIGRE — *HÀNH CHUA*

(Donne 250 ml ✕ Préparation 15 min. + temps de repos)

INGRÉDIENTS

• 1 tasse (250 ml) d'échalotes françaises,
coupées en lamelles (à la mandoline)

• ½ tasse (125 ml) de vinaigre de riz

• Sel

PRÉPARATION

1 — Déposer les lamelles d'échalote dans un pot de type Mason de 2 tasses (500 ml), verser le vinaigre de riz, saler, visser le couvercle et bien remuer. **2** — Laisser mariner au frais pendant au moins 15 minutes. ✕

Se conserve 1 semaine au réfrigérateur.

ASSIETTE DE VERMICELLES, LÉGUMES ET FINES HERBES
— *RAU*

(4 portions ✕ Préparation 15 min.)

INGRÉDIENTS

- 4 grandes feuilles de laitue frisée
- 1 ½ tasse (375 ml) de vermicelles de riz cuits, froids
- 1-2 concombres libanais, coupés en bâtonnets
- 1 carambole, coupée en tranches

- 1 grosse poignée de fèves germées
- 5-6 tiges de chacune des herbes suivantes : coriandre, basilic thaïlandais, menthe, coriandre vietnamienne, shiso, menthe-poisson

PRÉPARATION

Garnir un grand plat de service avec les feuilles de laitue, les vermicelles de riz, les bâtonnets de concombre, les tranches de carambole, puis les fèves germées, et terminer avec les fines herbes. ✕

Ce mélange d'herbes et de légumes est presque aussi essentiel que le riz. On le trouve dans les rouleaux de printemps et on le sert avec des grillades. Selon les régions, on y ajoute d'autres variétés de légumes et d'herbes. Il n'est pas rare d'avoir dix goûts différents en même temps en bouche.

TANTE 4 — *LÝ KIM HÀ*

Elle a attendu son mari pendant dix ans.
Son mari l'a espérée pendant dix ans.

Une fois par mois, elle réussissait à avoir une réservation au bureau de poste de Saigon pour recevoir un appel de quinze minutes de son mari. Étant donné que les relations étaient coupées entre les États-Unis et le Vietnam dans les années 1980, il devait conduire de Washington D.C. jusqu'à Montréal pendant le week-end pour faire cet appel. Douze heures à l'aller, douze heures au retour pendant quelques années. Aujourd'hui, ils savourent le bonheur de leurs quatre garçons et de leurs cinq petits-enfants, tous à Washington D.C.

LES SOUPES

BOUILLON MAIGRE OU RINCE-PAPILLES — *CANH*

(4 à 6 portions ✕ Préparation 5 min. ✕ Cuisson 5 min.)

INGRÉDIENTS

- 6 tasses (1,5 l) d'eau
- 1 ½ c. à soupe (22,5 ml) de sauce de poisson
- 1 ½ tasse (375 ml) d'épinards ou d'autre légume-feuille

PRÉPARATION

1 — Verser l'eau et la sauce de poisson dans une casserole et porter à ébullition. **2** — Ajouter les épinards, bien incorporer et retirer du feu. Servir aussitôt. ✕

Nous servons tous les plats du repas en même temps au milieu de la table. Nous pouvons commencer avec une tranche de porc, poursuivre avec une bouchée de légumes, continuer avec un morceau de poisson et couper les goûts avec une cuillère de bouillon avant de retourner aux viandes. Chacun suit l'ordre de ses envies.

Le rince-papilles s'apparente à un trou normand sans alcool.

SOUPE AUX POUSSES DE BAMBOU ET AU PORC — *CANH MĂNG*

(4 à 6 portions ✖ Préparation 25 min. ✖ Cuisson 1 h 15)

INGRÉDIENTS

- 8 tasses (2 l) d'eau
- 3 c. à soupe (45 ml) de sauce de poisson
- 1 patte de porc (jarret et pied), séparée en 2 ou 3 tronçons

- 1 boîte (227 ml) de pousses de bambou tranchées
- 1 bouquet de coriandre longue, grossièrement hachée
- Oignon vert, coupé en rondelles

PRÉPARATION

1 — Verser l'eau et la sauce de poisson dans un faitout, y déposer les morceaux de patte de porc, porter le tout à frémissement et couvrir. **2** — Cuire pendant 1 h ou jusqu'à ce que la chair se détache facilement des os. **3** — Retirer les morceaux du bouillon et séparer la chair des os et de la couenne. **4** — Jeter les os, détailler la couenne en lamelles et effilocher la chair. Réserver séparément. Au besoin, ramener le volume du bouillon à 2 litres (8 tasses) en ajoutant de l'eau froide et écumer. **5** — Rincer les pousses de bambou plusieurs fois, bien les égoutter et les ajouter au bouillon. **6** — Incorporer la chair effilochée et la moitié de la couenne, porter à frémissement et écumer encore. **7** — Cuire pendant 5 minutes. **8** — Servir en ajoutant la coriandre et l'oignon vert, au goût. ✖

Servir bien chaud et ajuster la quantité de couenne au goût de chacun.

SOUPE À LA COURGE FARCIE — *CANH BẦU*

(4 à 6 portions ✕ Préparation 20 min. ✕ Cuisson 45 min.)

INGRÉDIENTS

- ½ lb (225 g) de porc haché
- ½ lb (225 g) de crevettes crues, décortiquées et grossièrement hachées
- ½ tasse (125 ml) d'oignon, finement haché
- 2 ½ c. à soupe (37,5 ml) de sauce de poisson
- Poivre

- 2-3 courges vietnamiennes (opo ou fuzzy), pelées et de diamètre d'environ 7 cm (3 po)
- 6 tasses (1,5 l) d'eau
- 2 oignons verts, coupés en fines rondelles
- 1 grosse poignée de coriandre, hachée grossièrement

PRÉPARATION

1 — Déposer le porc, les crevettes, l'oignon haché et 1 cuillère à soupe (15 ml) de sauce de poisson dans un grand cul-de-poule, poivrer généreusement et mélanger à pleines mains jusqu'à l'obtention d'une texture homogène. Réserver. **2** — Couper les courges en tronçons de 10 cm (4 po) et, à l'aide d'une cuillère à melon, retirer le centre de façon à obtenir un tube. **3** — Farcir les tronçons de courge avec le mélange porc-crevettes en pressant bien, puis réserver. **4** — Porter l'eau à ébullition et ajouter le reste de la sauce de poisson. **5** — Retirer du feu et déposer les tronçons de courge farcis dans le bouillon chaud. **6** — Remettre la casserole à feu moyen, porter à frémissement et cuire de 25 à 30 minutes ou jusqu'à ce que les tronçons commencent à être translucides. **7** — Ajouter la moitié des rondelles d'oignon vert et de la coriandre, baisser le feu au minimum et poursuivre la cuisson à couvert pendant 10 minutes. **8** — Verser le bouillon de cuisson dans un bol de service et y déposer les courges farcies avec le reste des oignons verts et de la coriandre. **9** — Servir la soupe en détaillant les courges en tranches épaisses. ✕

Plus on laisse macérer, meilleur c'est. On peut préparer la soupe longtemps à l'avance et la réchauffer. Dans ce cas, on ajoute la coriandre au moment du service. Il est possible de remplacer les courges opo et fuzzy par des courgettes régulières, vertes, blanches ou jaunes.

SOUPE AU TOFU ET À LA CIBOULETTE À L'AIL
— CANH ĐẬU HỦ & TIM GÀ

(4 à 6 portions × Préparation 15 min. × Cuisson 5 min.)

INGRÉDIENTS

- ½ tasse (125 ml) d'abats de poulet (foies, cœurs, gésiers), coupés en lamelles

- 2 ½ c. à soupe (37,5 ml) de sauce de poisson

- Huile d'arachide, pour la cuisson

- 1 tasse (250 ml) de champignons de paille, coupés en 2

- 1 tasse (250 ml) de tofu semi-ferme, coupé en cubes d'environ 1,5 cm (½ po)

- 6 tasses d'eau

- 1 tasse de ciboulette à l'ail, coupée en tronçons de 1,5 cm (½ po)

- Poivre, au goût

PRÉPARATION

1 — Déposer les abats dans un bol, verser la sauce de poisson et laisser reposer pendant 5 minutes.

2 — Faire chauffer un filet d'huile dans un faitout à feu moyen-vif et y faire revenir les abats pendant 1 minute. 3 — Ajouter les champignons et les cubes de tofu et poursuivre la cuisson encore 1 minute.

4 — Verser l'eau, porter à ébullition, retirer du feu, incorporer la ciboulette, poivrer et servir aussitôt. ×

SOUPE AUX BOULETTES ET AUX FEUILLES DE CHRYSANTHÈME — *CANH TẦN Ô*

(4 à 6 portions ✖ Préparation 20 min. ✖ Cuisson 10 min.)

INGRÉDIENTS

• ¾ lb (340 g) de porc haché

• ¼ lb (115 g) de crevettes crues, décortiquées et grossièrement hachées

• ½ tasse (125 ml) d'oignon, finement haché

• ¼ tasse (60 ml) de sauce de poisson

• Poivre

• 12 tasses (3 l) d'eau

• 2 grosses poignées de feuilles de chrysanthème

• 2 oignons verts, coupés en fines rondelles

PRÉPARATION

1 — Déposer le porc, les crevettes, l'oignon haché et 1 cuillère à soupe (15 ml) de sauce de poisson dans un grand cul-de-poule, poivrer généreusement et mélanger à pleines mains jusqu'à l'obtention d'une texture homogène. Réserver. 2 — Porter l'eau à ébullition et ajouter le reste de la sauce de poisson. 3 — À l'aide de 2 petites cuillères, prélever environ 2 c. à thé (10 ml) du mélange porc-crevettes, former de petites boulettes et les laisser tomber dans l'eau frémissante. Répéter l'opération jusqu'à ce que la surface soit couverte de boulettes. 4 — Laisser mijoter pendant 5 minutes et ajouter les feuilles de chrysanthème et les rondelles d'oignon vert. 5 — Baisser le feu au minimum et poursuivre la cuisson pendant 1-2 minutes. Servir aussitôt. ✖

Plus on laisse macérer, meilleur c'est. On peut préparer la soupe longtemps à l'avance et la réchauffer. Dans ce cas, on ajoute les feuilles de chrysanthème au moment du service.

SOUPE AUX CREVETTES ET À L'IGNAME (YAM PI)
— CANH KHOAI MỖ

(4 à 6 portions ✕ Préparation 15 min. ✕ Cuisson 20 min.)

INGRÉDIENTS

- Huile d'arachide, pour la cuisson
- ¼ lb (125 g) de porc haché
- 1 lb (454 g) de crevettes crues, décortiquées et hachées grossièrement
- ½ tasse (125 ml) d'oignon, haché
- 6 tasses (1,5 l) d'eau
- 2 ½ c. à soupe (37,5 ml) de sauce de poisson

- 2 tasses (500 ml) de chair d'igname, râpée (fraîche ou congelée)
- Poivre
- 2 oignons verts, hachés
- ½ tasse (125 ml) de feuilles de coriandre longue, hachées
- ½ tasse (125 ml) d'herbe à paddy, hachée

PRÉPARATION

1 — Verser un filet d'huile dans un faitout chauffé à feu vif et y faire revenir le porc haché et la chair de crevette avec l'oignon jusqu'à légère coloration. 2 — Ajouter l'eau et la sauce de poisson, porter à ébullition et cuire pendant 2 minutes en écumant la surface. 3 — Incorporer la chair d'igname râpée, poivrer généreusement et poursuivre la cuisson pendant 5 minutes. 4 — Garnir d'oignons verts et de fines herbes, retirer du feu et servir aussitôt. ✕

SOUPE AIGRE-DOUCE — *CANH CHUA CÁ*

(4 à 6 portions ✕ Préparation 40 min. + temps de repos ✕ Cuisson 15 min.)

INGRÉDIENTS

- 2 ¾ oz (75 g) de pâte de tamarin
- ¾ tasse (180 ml) d'eau bouillante
- 6 tasses (1,5 l) d'eau
- 3 c. à soupe (45 ml) de sauce de poisson
- 1 ¼ lb (600 g) de darnes de tilapia (ou d'autre poisson à chair ferme)
- 1 quartier d'ananas frais
- 2 tomates rouges, coupées en quartiers
- 8-10 okras frais, coupés en tranches

- 1 tige de taro, pelée et coupée en tranches
- 1 ½ tasse (375 ml) de fèves germées
- 1 bouquet d'herbe à paddy, hachée grossièrement
- 1 bouquet de coriandre longue, hachée grossièrement
- Oignon ou ail frit, au goût
- Piment oiseau, au goût
- Sauce de poisson non diluée, au goût

PRÉPARATION

1 — Mettre la pâte de tamarin dans un bol et couvrir d'eau bouillante. 2 — Laisser reposer pendant 15 minutes. 3 — Verser l'eau dans un faitout, ajouter 3 cuillères à soupe (45 ml) de sauce de poisson. 4 — Passer la pâte de tamarin et son eau de trempage à travers un tamis déposé sur le faitout et, à l'aide d'une cuillère de bois, travailler la pâte de façon à en extraire le maximum de pulpe. Jeter les noyaux et les fibres résiduelles. 5 — Bien remuer et porter à ébullition. 6 — Déposer les darnes dans le bouillon et cuire pendant 5 minutes. Retirer et réserver. 7 — Couper le quartier d'ananas en 2 dans le sens de la longueur et détailler chaque morceau en tranches de 1,5 cm (½ po). 8 — Incorporer l'ananas et les tomates au bouillon et porter à ébullition. 9 — Ajouter les tranches de taro et les okras, saler légèrement, poivrer et poursuivre la cuisson pendant 2 minutes. 10 — Remettre les darnes, ajouter les fèves germées et les fines herbes, donner un bouillon et retirer du feu. ✕

Servir bien chaud, saupoudré d'oignon ou d'ail frit et accompagné d'un ramequin de sauce de poisson et de piment oiseau pour y tremper des bouchées de poisson.

SOUPE AU POISSON ET À LA TOMATE — *CANH MẮN*

(4 à 6 portions **×** Préparation 15 min. **×** Cuisson 10 min.)

INGRÉDIENTS

- 1 filet de poisson à chair blanche (env. 1 lb/454 g)
- 2 ½ c. à soupe (37,5 ml) de sauce de poisson
- 2 oignons verts, coupés en tronçons
- Poivre, au goût
- 6 tasses (1,5 l) d'eau

- 1 grosse tomate rouge, coupée en quartiers
- 1 tige de céleri chinois ou de livèche, coupée en tronçons
- ½ lime, pour le jus
- 1 poignée de feuilles de coriandre

PRÉPARATION

1 — Arroser le filet de poisson avec la moitié de la sauce de poisson. **2** — À l'aide du plat d'un couteau de chef, écraser les tronçons d'oignons verts et les déposer sur le filet. **3** — Poivrer généreusement et laisser mariner pendant 10 minutes. **4** — Verser l'eau dans un faitout et porter à ébullition avec le reste de la sauce de poisson. **5** — Ajouter le filet de poisson et sa marinade, la tomate et le céleri, porter à ébullition et cuire pendant 3 minutes. **6** — Retirer du feu, ajouter le jus de lime et la coriandre, et servir aussitôt. **×**

SOUPE MINUTE AU BŒUF — *CANH BÒ RÂM*

(4 à 6 portions ✕ Préparation 15 min. ✕ Cuisson 10 min.)

INGRÉDIENTS

• 6 tasses (1,5 l) d'eau

• 2 ½ c. à soupe (37,2 ml) de sauce de poisson

• ½ lb (225 g) de contre-filet de bœuf,
coupé en lamelles

• 1 tomate, coupée en cubes

• 2 oignons verts, coupés en
tronçons de 1,5 cm (½ po)

• ½ lime, pour le jus

• Coriandre vietnamienne, au goût

PRÉPARATION

1 — Verser l'eau et la sauce de poisson dans un faitout et porter à ébullition. 2 — Placer le bœuf, la tomate et les oignons verts dans le bol de service. 3 — Verser le bouillon très chaud directement dans le bol. 4 — Ajouter le jus de lime et poivrer généreusement. Garnir de coriandre vietnamienne et servir aussitôt. ✕

TANTE 5 — *LÝ KIM HẢI*

Le médiateur qui s'occupait du divorce de ma Tante 5 était très étonné de la voir toujours calme et souriante devant les questions souvent difficiles et exigeantes pendant ces rencontres inévitablement tendues.

Ma Tante 5 nous a expliqué qu'elle souriait pour avoir le temps de conjuguer ses verbes dans sa tête sans afficher sa panique devant le choix entre le verbe *être* et le verbe *avoir* pour le passé composé, la transformation complète d'un verbe du troisième groupe et la différence entre l'imparfait et le futur antérieur… Contrairement au français, les verbes vietnamiens sont toujours à l'infinitif. On se situe grâce aux mots indiquant le temps tels que « demain », « hier », « janvier »… On les insère sporadiquement à l'intérieur de la conversation, ou une fois au tout début. Autrement, il n'existe pas de temps de verbe en tant que tel. C'est peut-être grâce à cette structure de la langue vietnamienne que nous sommes inconsciemment toujours dans un seul temps.

LES BOLS ET LES SAUTÉS

BOLS DE VERMICELLES GARNIS — *BÚN*

(2 portions ✕ Préparation 15 min. ✕ Temps de cuisson selon le sauté choisi)

INGRÉDIENTS

- 2 grandes feuilles de laitue frisée verte
- 2 poignées de feuilles de fines herbes (basilic thaïlandais, coriandre, coriandre vietnamienne, menthe, shiso)
- 2 tasses (500 ml) de vermicelles de riz, cuits
- 1 concombre libanais, coupé en julienne
- 1 tasse (250 ml) de fèves germées

- ½ tasse (125 ml) de légumes marinés à la vietnamienne (p. 41)
- 2 portions de sauté (bœuf, porc, poulet, tofu, etc.)
- Sauce de poisson diluée (p. 33), au goût
- Sauce à l'oignon vert (p. 34), au goût
- Arachides concassées, au goût
- Oignons frits, au goût

PRÉPARATION

1 — Mettre les feuilles de laitue bien à plat sur une planche à découper. Déposer les fines herbes au centre et rouler le tout en serrant bien. Découper finement le rouleau de laitue et réserver. 2 — Déposer les vermicelles au fond de 2 grands bols et répartir les ingrédients côte à côte sur le dessus : chiffonnade, concombre, fèves germées, légumes marinés et le sauté choisi (voir pages suivantes). 3 — Arroser de sauce de poisson diluée et garnir de sauce à l'oignon vert, d'arachides et d'oignons frits. Servir aussitôt, accompagné de ramequins de sauce de poisson diluée. ✕

SAUTÉ DE BŒUF À L'AIL — *BÒ XÀO*

(2 portions ✕ Préparation 10 min. ✕ Cuisson 8 min.)

INGRÉDIENTS

- ½ lb (225 g) de bœuf, coupé en lanières (faux-filet, filet, surlonge)
- 1 petite gousse d'ail, hachée
- ½ c. à soupe (7,5 ml) de sauce de poisson
- Poivre
- Huile d'arachide, pour la cuisson
- 1 oignon, coupé en 8
- 2 bols de vermicelles garnis (p. 66)

PRÉPARATION

1 — Mélanger le bœuf, l'ail et la sauce de poisson. Poivrer et laisser reposer pendant 5 minutes. **2** — Faire chauffer un wok à feu vif, verser un filet d'huile d'arachide et y faire sauter l'oignon jusqu'à légère coloration. **3** — Ajouter le bœuf et cuire pendant 2 minutes en remuant constamment. **4** — Répartir sur 2 bols de vermicelles garnis et servir aussitôt. ✕

SAUTÉ DE PORC À LA CITRONNELLE — *HEO XÀO SẢ*

(2 portions × Préparation 10 min. + temps de macération × Cuisson 8 min.)

INGRÉDIENTS

- ½ lb (225 g) de flanc de porc, coupé en lamelles
- 1 petite gousse d'ail, hachée finement
- ½ c. à soupe (7,5 ml) de sauce de poisson
- 2 c. à thé (10 ml) de citronnelle, hachée

- Poivre
- Huile végétale, pour la cuisson
- ½ oignon, coupé en pétales
- 2 bols de vermicelles garnis (p. 66)

PRÉPARATION

1 — Mélanger le flanc de porc, l'ail, la sauce de poisson et la citronnelle hachée, poivrer et laisser reposer pendant 5 minutes. **2** — Faire chauffer un wok à feu vif, verser un filet d'huile et y faire sauter le porc et les pétales d'oignon pendant 3 minutes en remuant constamment, jusqu'à coloration. **3** — Répartir sur 2 bols de vermicelles garnis et servir aussitôt. ×

On peut aussi remplacer le flanc de porc par des lanières de poulet.

CUBES DE TOFU À LA CITRONNELLE — *ĐẬU HỦ CHIÊN SẢ*

(2 portions × Préparation 20 min. × Cuisson 15 min.)

INGRÉDIENTS

- ⅔ tasse (170 ml) de citronnelle, hachée

- 1 c. à thé de sel

- 1 piment oiseau, haché finement

- 1 bloc de tofu semi-ferme (454 g),
  coupé en cubes de 2,5 cm (1 po)

- ¼ tasse (60 ml) d'huile d'arachide

- 1 gousse d'ail, hachée

- 2 bols de vermicelles garnis (p. 66)

- Sauce de poisson diluée (p. 33), au goût

PRÉPARATION

1 — Déposer la citronnelle, le sel et le piment oiseau dans un cul-de-poule moyen, bien mélanger et y rouler les cubes de tofu. 2 — Faire chauffer l'huile à feu moyen dans une poêle à fond épais et y faire revenir les cubes de tofu jusqu'à ce qu'ils soient bien dorés de tous les côtés. 3 — Ajouter l'ail et poursuivre la cuisson pendant 2 minutes en retournant les cubes de tofu à quelques reprises. 4 — Déposer les cubes de tofu sur les bols de vermicelles garnis et arroser de sauce de poisson diluée. 5 — Servir aussitôt, accompagné de ramequins de sauce de poisson diluée. ×

SAUTÉ DE CHAYOTTES, PORC ET CREVETTES
— *SU SU XÀO*

(4 portions ✕ Préparation 20 min. ✕ Cuisson 10 min.)

INGRÉDIENTS

- ½ lb (225 g) de crevettes crues, décortiquées
- ½ lb (225 g) de flanc de porc, coupé en tranches fines
- 1 gousse d'ail, hachée finement
- 3 c. à soupe (45 ml) de sauce de poisson
- Poivre
- Huile végétale, pour la cuisson

- 1-2 chayottes, pelées, dénoyautées et coupées en bâtonnets
- ½ oignon, coupé en pétales
- 3 oignons verts, coupés en tronçons
- Coriandre, au goût
- Sauce de poisson diluée (p. 33), au goût

PRÉPARATION

1 — Couper les crevettes en 2 dans le sens de la longueur. **2** — Déposer les crevettes, les tranches de flanc de porc et l'ail dans un bol, ajouter 1 cuillère à soupe (15 ml) de sauce de poisson, poivrer généreusement, bien mélanger et laisser mariner le temps de préparer les autres ingrédients. **3** — Faire chauffer une grande poêle à feu moyen-vif, verser un filet d'huile et y faire revenir les crevettes avec le porc pendant 5 minutes. Retirer et réserver. **4** — Verser de l'huile au besoin, ajouter les chayottes et l'oignon et cuire jusqu'à coloration. **5** — Remettre le porc et les crevettes dans le wok, verser le reste de la sauce de poisson, ajouter les tronçons d'oignon vert et bien mélanger. **6** — Servir aussitôt, garni de feuilles de coriandre et accompagné de ramequins de sauce de poisson diluée. ✕

On peut remplacer les chayottes par 2 tasses (500 ml) de haricots verts.

FLANC DE PORC MARINÉ ET POUSSES DE BAMBOU
— MĂNG XÀO

(4 portions ✗ Préparation 15 min. + temps de macération ✗ Cuisson 15 min.)

INGRÉDIENTS

- 1 lb (454 g) de flanc de porc, coupé en tranches de ½ cm (¼ po)
- 3 c. à soupe (45 ml) de sauce de poisson
- 1 gousse d'ail, hachée
- 1 piment oiseau, coupé en rondelles
- 1 oignon, coupé en 8
- Poivre

- Huile végétale, pour la cuisson
- 2 boîtes (227 g chacune) de pousses de bambou tranchées
- 3 oignons verts, coupés en filaments
- Coriandre
- Sauce de poisson diluée (p. 33), au goût

PRÉPARATION

1 — Déposer les tranches de flanc de porc dans un cul-de-poule, ajouter la sauce de poisson, l'ail, le piment et l'oignon, poivrer, bien remuer et laisser mariner pendant 15 minutes au réfrigérateur. 2 — Rincer les pousses de bambou plusieurs fois, bien égoutter et réserver. 3 — Faire chauffer une grande poêle à feu vif, verser un bon filet d'huile et y faire sauter les tranches de flanc de porc avec tous les éléments de la marinade, jusqu'à belle coloration. 4 — Incorporer les pousses de bambou et poursuivre la cuisson pendant 2 minutes. 5 — Ajouter la moitié des filaments d'oignon vert et bien remuer. 6 — Garnir de coriandre et du reste des filaments d'oignon vert et servir aussitôt, accompagné de ramequins de sauce de poisson diluée. ✗

SAUTÉ DE CUBES DE BŒUF — *BÒ LÚC LẮC*

(1 portion ✕ Préparation 5 min. ✕ Cuisson 2 min.)

INGRÉDIENTS

- ¼ lb (115 g) de faux-filet, coupé en bouchées
- 1 c. à thé (5 ml) de sauce Maggi
- Poivre
- Huile d'arachide, pour la cuisson
- 1 gousse d'ail, hachée

- Sel
- 1 poignée de cresson
- 1 petite tomate, tranchée
- Lamelles d'échalote française au vinaigre (p. 41), au goût
- 1 bol de riz jasmin (p. 39), cuit

PRÉPARATION

1 — Dans un bol, enrober les cubes de bœuf de sauce Maggi et poivrer généreusement. Réserver. **2** — Faire chauffer un wok à feu vif, verser un filet d'huile d'arachide et faire colorer l'ail pendant 30 secondes. **3** — Ajouter le bœuf mariné, saler et poursuivre la cuisson pendant 1 minute en remuant vivement. **4** — Servir sur un lit de cresson et garnir de tranches de tomate et de lamelles d'échalote au vinaigre. Accompagner le tout d'un bol de riz. ✕

On fait une portion à la fois, pour s'assurer de conserver la chaleur du poêlon.

PORC AU CARAMEL — *THỊT RAM*

(4 portions ✕ Préparation 20 min. ✕ Cuisson 15 min.)

INGRÉDIENTS

- 5 c. à soupe (75 ml) de sucre
- 3 c. à soupe (45 ml) d'eau
- 2 gousses d'ail, hachées finement
- 1 oignon, haché
- ¼ lb (115 g) de flanc de porc avec couenne, coupé en tranches de ½ cm (¼ po)

- 1 lb (454 g) d'échine de porc, coupée en lanières
- 1 piment oiseau, haché finement
- Poivre
- 3 c. à soupe (45 ml) de sauce de poisson
- 2 oignons verts, coupés en tronçons
- Feuilles de coriandre

PRÉPARATION

1 — Déposer le sucre dans un faitout, verser 1 cuillère à soupe (15 ml) d'eau et chauffer à feu moyen jusqu'à l'obtention d'un caramel. 2 — Monter le feu à moyen-vif, ajouter l'ail, l'oignon et le flanc de porc et cuire pendant 5 minutes en remuant constamment. 3 — Ajouter les lanières de porc et le piment oiseau, poivrer généreusement et bien incorporer de façon à enduire tous les ingrédients de caramel. 4 — Verser le reste de l'eau et la sauce de poisson, et poursuivre la cuisson en remuant régulièrement, jusqu'à l'obtention d'une texture légèrement sirupeuse. 5 — Servir aussitôt, garni de tronçons d'oignon vert et de feuilles de coriandre. ✕

Rien ne l'accompagne mieux que quelques tranches de concombre ou des morceaux de chou blanchi.

« Pendant toute mon enfance, nous allions à la mer presque tous les mois pour "changer de vents", comme disait mon père. L'eau salée guérissait miraculeusement la peau craquelée des talons de ma grand-mère et mon nez souvent congestionné. L'air salin faisait grandir mes frères et amplifiait nos rires autour des seiches séchées vendues sur la plage par des marchands ambulants. Deux seiches complètement aplaties et grillées sur quelques charbons rouges nourrissaient la famille entière pendant tout l'après-midi puisqu'elles se mangeaient fibre par fibre. En bouche, le goût de ces filaments élastiques durait plus longtemps qu'une gomme Juicy Fruit. »

Extrait de *Vi*, p. 64, Libre Expression, 2016

SAUTÉ DE CALMARS, CONCOMBRE ET ANANAS
— MỰC XÀO

(4 à 6 portions ✕ Préparation 20 min. ✕ Cuisson 15 min.)

INGRÉDIENTS

- 1 lb (454 g) de calmars de format U10
- 1 quartier d'ananas
- Huile végétale, pour la cuisson
- 1 oignon, coupé en lamelles
- 2 gousses d'ail, hachées finement
- 2 tomates, coupées en 8
- 1 concombre, pelé, épépiné et coupé en demi-tranches

- 3 c. à soupe (45 ml) de sauce de poisson
- 2 c. à soupe (30 ml) de vinaigre de riz
- 2 tiges de céleri chinois, hachées grossièrement
- Poivre
- Coriandre fraîche, au goût
- Sauce de poisson diluée (p. 33), au goût

PRÉPARATION

1 — Essuyer les calmars, les couper en portefeuille et bien les éponger. 2 — À l'aide d'un couteau très affûté, en quadriller finement la face interne en positionnant la lame à 45° et en prenant soin de ne pas traverser la chair, puis les détailler en carrés de 5 cm (2 po). Réserver. 3 — Couper le quartier d'ananas en 2 dans le sens de la longueur, puis chaque morceau en tranches de 1,5 cm (½ po). 4 — Faire chauffer une grande poêle antiadhésive à feu vif, verser un bon filet d'huile végétale, y déposer les calmars, côté lisse dessous, et cuire pendant 2 minutes ou jusqu'à ce qu'ils s'enroulent sur eux-mêmes. Retirer et réserver. 5 — Reverser de l'huile au besoin et faire revenir l'oignon et l'ail pendant 1 minute. 6 — Ajouter les quartiers de tomate, les tranches d'ananas et de concombre, et cuire pendant 2 minutes. 7 — Verser la sauce de poisson et le vinaigre de riz, ajouter le céleri chinois, poivrer généreusement et poursuivre la cuisson en remuant constamment, jusqu'à ce que les légumes soient tout juste cuits. Ajouter les calmars et mélanger. 8 — Servir aussitôt, parsemé de feuilles de coriandre et accompagné de ramequins de sauce de poisson diluée. ✕

On peut remplacer les tiges de céleri chinois par de la livèche ou des feuilles de céleri ordinaire. On peut aussi remplacer les calmars U10 par des rondelles de calmar congelées.

CRABE AU TAMARIN — *CUA RANG ME*

(2 portions × Préparation 20 min. + temps de repos × Cuisson 10 min.)

INGRÉDIENTS

- 3 ½ oz (100 g) de pâte de tamarin
- 1 tasse (250 ml) d'eau bouillante
- 2 c. à soupe (30 ml) de sauce de poisson
- 2 c. à soupe (30 ml) de sucre

- Huile d'arachide, pour la cuisson
- 1 gousse d'ail, hachée
- 1 ½ lb (675 g) de crabe des neiges, coupé en sections
- 2 oignons verts, coupés en tronçons

PRÉPARATION

1 — Déposer la pâte de tamarin dans un bol et couvrir avec l'eau bouillante, bien remuer et laisser reposer pendant 10 minutes. 2 — Après ce temps, verser le mélange dans une petite passoire déposée sur une petite casserole et, à l'aide d'une cuillère de bois, presser la pâte à travers la grille de façon à récupérer le maximum de jus de tamarin. Jeter la fibre et les noyaux. 3 — Porter le jus de tamarin à ébullition et laisser réduire de moitié. Ajouter la sauce de poisson et le sucre, et bien mélanger. Réserver. 4 — Faire chauffer un grand wok sur feu vif, verser un filet d'huile et y faire colorer l'ail pendant 30 secondes. 5 — Déposer les sections de crabe et poursuivre la cuisson pendant 1 minute en remuant constamment. 6 — Verser le sirop de tamarin et cuire pendant 1 minute en retournant le crabe dans la sauce à plusieurs reprises. 7 — Ajouter les tronçons d'oignon vert et bien mélanger. Servir chaud. ×

TANTE 6 — *LÝ KIM HIẾU*

Plus jeune, à l'aide du bout d'un cure-dent, elle traçait souvent une ligne juste au-dessus du contour de l'œil pour en faire une paupière.

Elle était la plus osée de la famille, s'habillant avec des minijupes et des pantalons à pattes d'éléphant. Son t-shirt fétiche était rouge avec un énorme cœur bleu roi qui recouvrait toute sa poitrine. Elle nous prenait en photo comme si nous étions des mannequins ou des stars de Hollywood. Elle étudiait pour devenir professeure de français et j'étais sa première élève : « La souris est sur la table ; la souris est sous la table. » Elle ne s'imaginait pas qu'un jour elle se retrouverait sur un bateau de fortune avec un bébé de cinq mois et qu'elle continuerait sa vie aux États-Unis, en anglais, dans le bureau d'une grande compagnie avec un gros salaire... alors qu'elle rêvait, du haut de ses cinq pieds, de devenir artiste peintre.

LES LÉGUMES

AUBERGINES GRILLÉES À LA VIETNAMIENNE
— CÀ TÍM NƯỚNG

(4 à 6 portions ✗ Préparation 15 min. ✗ Cuisson 30 min.)

INGRÉDIENTS

- 1 lb (454 g) de petites aubergines asiatiques
- ¼ tasse (60 ml) de vinaigrette
  à la sauce de poisson (p. 33)

- ½ recette de sauce à l'oignon vert (p. 34)
- 2 c. à soupe (30 ml) d'ail frit
- Piments oiseaux entiers, au goût

PRÉPARATION

1 — Préchauffer le four à 350 °F (180 °C). 2 — Piquer la peau des aubergines à quelques endroits, les déposer sur une plaque, enfourner et cuire 30 minutes ou jusqu'à ce que la chair soit cuite à cœur. Retirer et laisser tempérer. 3 — Lorsque les aubergines sont suffisamment tièdes pour être manipulées, retirer les pédoncules, les détailler en bouchées, puis les déposer dans un plat de service. 4 — Arroser le tout de vinaigrette à la sauce de poisson, bien mélanger et garnir de quelques cuillerées de sauce à l'oignon vert, d'ail frit et de quelques piments oiseaux entiers. ✗

On peut préparer la même recette avec des aubergines italiennes. S'il s'agit de grosses aubergines, il faudra les peler avant de détailler la chair en bouchées.

AUBERGINES, PORC ET CREVETTES — *CÀ TÍM TÔM THỊT*

(4 à 6 portions ✗ Préparation 10 min. ✗ Cuisson 35 min.)

INGRÉDIENTS

- 1 lb (454 g) de petites aubergines asiatiques
- ¾ lb (340 g) de porc haché
- ¼ lb (115 g) de crevettes crues, décortiquées et hachées
- 1 c. à soupe (15 ml) de sauce de poisson
- Poivre
- Huile végétale, pour la cuisson
- Sauce à l'oignon vert (p. 34), au goût

PRÉPARATION

1 — Préchauffer le four à 350 °F (180 °C). Piquer la peau des aubergines à quelques endroits, les déposer sur une plaque, enfourner et cuire pendant 30 minutes ou jusqu'à ce que la chair soit cuite à cœur. Retirer et laisser tempérer. **2** — Lorsque les aubergines sont suffisamment refroidies pour être manipulées, retirer les pédoncules, les détailler en bouchées et les déposer dans un plat de service. **3** — Déposer le porc et les crevettes dans un bol, verser 1 cuillère à soupe (15 ml) de sauce de poisson, poivrer et bien mélanger. **4** — Faire chauffer une poêle à feu moyen-vif, verser un filet d'huile et y faire revenir le mélange porc-crevettes pendant 5 minutes. **5** — Ajouter les aubergines. **6** — Garnir avec la sauce à l'oignon vert. **7** — Servir avec un ramequin de sauce de poisson diluée. ✗

LISERONS D'EAU SAUTÉS À L'AIL — *RAU MUỐNG XÀO TỎI*

(4 portions ✕ Préparation 10 min. ✕ Cuisson 5 min.)

INGRÉDIENTS

- 1 lb (454 g) de liserons d'eau frais

- 2 c. à soupe (30 ml) d'huile végétale,
  pour la cuisson

- 3 gousses d'ail, hachées

- 2 c. à soupe (30 ml) de sauce de poisson

PRÉPARATION

1 — Couper les liserons en 3 ou 4 tronçons. Faire chauffer un wok à feu moyen-vif, verser l'huile et y faire revenir l'ail pendant 30 secondes. **2** — Ajouter les liserons et poursuivre la cuisson pendant 2 minutes, en remuant constamment. **3** — Arroser avec la sauce de poisson, bien incorporer et servir aussitôt. ✕

SALADE DE CHOU AU POULET — *GỎI GÀ BẮP CẢI TRẮNG*

(4 portions ✕ Préparation 20 min.)

INGRÉDIENTS

- 4 tasses (1 l) de chou, coupé en chiffonnade

- ½ c. à soupe (7,5 ml) de sel

- ¼ tasse (60 ml) de lamelles
  d'échalote française au vinaigre (p. 41)

- 1 ½ tasse (375 ml) de poulet cuit (rôti,
  bouilli ou grillé), effiloché

- ¼ tasse (60 ml) de vinaigrette
  à la sauce de poisson (p. 33)

- ½ tasse (125 ml) de coriandre vietnamienne,
  hachée grossièrement

- ¼ tasse (60 ml) d'arachides concassées

PRÉPARATION

1 — Déposer le chou dans un bol, saler, bien remuer et laisser reposer pendant 15 minutes. **2** — Après ce temps, déposer le chou dans une passoire et rincer à l'eau courante. Bien égoutter. **3** — Mettre le chou, les lamelles d'échalotes et le poulet dans un saladier et incorporer la vinaigrette. **4** — Garnir avec la coriandre et les arachides. Servir aussitôt. ✕

SALADE DE FÈVES GERMÉES — *GỎI GIÁ*

(4 à 6 portions ✕ Préparation 5 min.)

INGRÉDIENTS

- ¼ tasse (60 ml) de vinaigre de riz
- 1 c. à thé (5 ml) de sucre
- 2 tasses (500 ml) de fèves germées
- 3 tiges de ciboulette à l'ail, coupées en tronçons
- Sel

PRÉPARATION

1 — Mettre tous les ingrédients dans un saladier et bien remuer. ✕

C'est l'accompagnement idéal du ragoût de porc au caramel !

SALADE DE RUBANS DE LÉGUMES, PORC ET CREVETTES
— GỎI RAU CỦ

(4 portions ✕ Préparation 15 min. + temps de repos ✕ Cuisson 7 min.)

INGRÉDIENTS

- 1 petit daïkon, coupé en rubans
  (à la mandoline)

- 2 carottes, coupées en rubans (à la mandoline)

- 1 branche de céleri, coupée en rubans
  (à la mandoline)

- ¼ lb (115 g) de crevettes crues

- ¼ lb (115 g) de flanc de porc

- 2 concombres libanais

- ⅓ tasse (85 ml) de vinaigrette
  à la sauce de poisson (p. 33)

- Basilic thaïlandais, haché grossièrement

- Coriandre vietnamienne, hachée grossièrement

- Piment oiseau, au goût

- ¼ tasse (60 ml) d'arachides concassées

- 2 c. à soupe (30 ml) d'oignons frits

PRÉPARATION

1 — Mettre les rubans de daïkon, de carotte et de céleri dans un bol d'eau glacée et laisser reposer au réfrigérateur pendant 15 minutes. **2** — Porter un litre d'eau salée à ébullition et y plonger les crevettes pendant 2 minutes. **3** — Retirer et refroidir aussitôt dans un bol d'eau glacée. **4** — Décortiquer les crevettes, les couper en 2 dans le sens de la longueur et les déposer dans un saladier. Réserver au frais. **5** — Plonger le flanc de porc dans la même eau et cuire pendant 5 minutes en écumant régulièrement. **6** — Retirer et mettre au réfrigérateur. **7** — Filtrer le bouillon de cuisson et le réserver pour un usage ultérieur. **8** — Lorsque le flanc est bien froid, le détailler en languettes et les déposer dans le saladier. **9** — Égoutter les rubans de légumes, couper les concombres en bâtonnets et les ajouter dans le saladier. **10** — Verser la moitié de la vinaigrette à la sauce de poisson dans le saladier, ajouter le basilic thaïlandais, la coriandre vietnamienne et le piment oiseau, et bien incorporer. **11** — Laisser reposer au réfrigérateur pendant 10 minutes. **12** — Au moment du service, rectifier l'assaisonnement en ajoutant de la vinaigrette au goût, garnir d'arachides concassées et d'oignons frits, et servir aussitôt. ✕

On peut ajouter des lamelles de mangue verte, au goût.

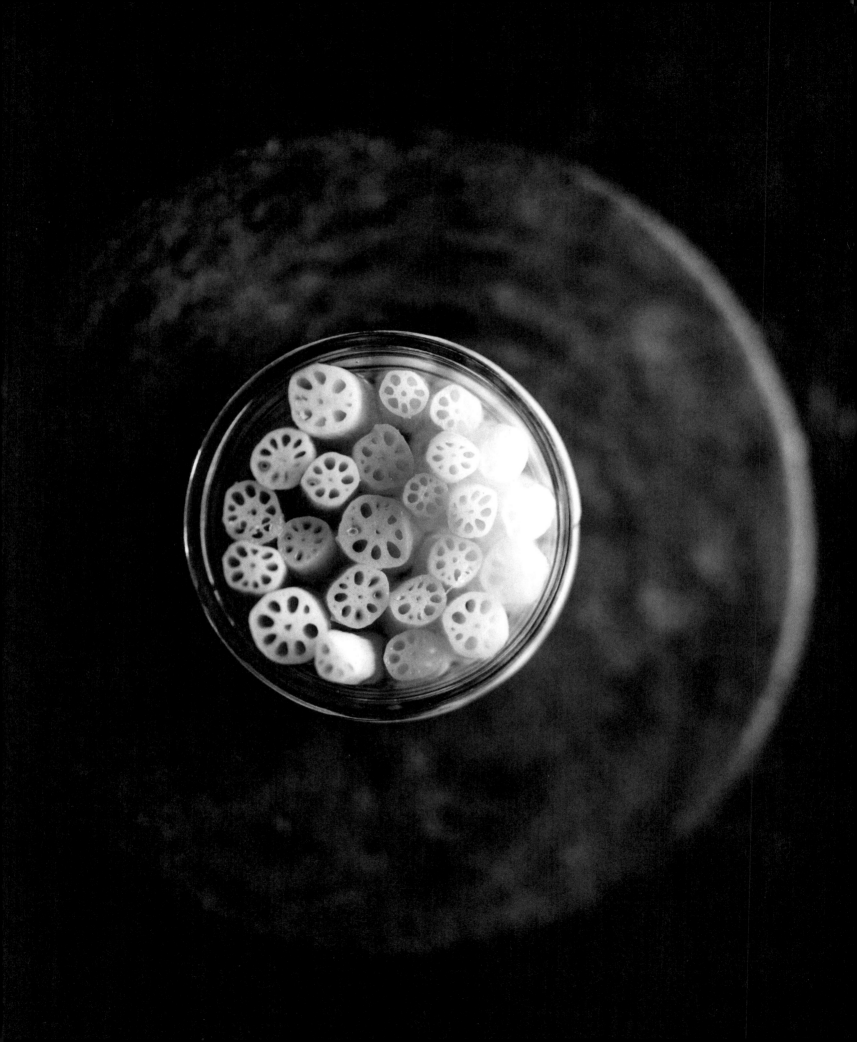

SALADE DE TIGES DE LOTUS — *GỎI SEN*

(4 portions × Préparation 30 min. × Cuisson 7 min.)

INGRÉDIENTS

- ¼ lb (115 g) de crevettes crues
- ¼ lb (115 g) de flanc de porc
- 1 pot (454 g) de tiges de lotus
- ¼ tasse (60 ml) de vinaigrette
  à la sauce de poisson (p. 33)

- 1 poignée de coriandre vietnamienne,
  hachée grossièrement
- Piment oiseau, au goût
- ¼ tasse (60 ml) d'arachides concassées
- 2 c. à soupe (30 ml) d'oignons frits

PRÉPARATION

1 — Blanchir les crevettes à l'eau bouillante salée pendant 2 minutes. Retirer et refroidir aussitôt dans un bol d'eau glacée. 2 — Décortiquer les crevettes, les couper en 2 sur le sens de la longueur et les déposer dans un saladier. Réserver. 3 — Plonger le flanc de porc dans la même eau et cuire pendant 5 minutes en écumant régulièrement. Retirer et mettre au réfrigérateur. 4 — Filtrer le bouillon de cuisson et le réserver pour un usage ultérieur. 5 — Couper les tiges de lotus en lamelles et les déposer dans le saladier. 6 — Lorsque le flanc est bien froid, le détailler en fines lamelles et les ajouter dans le saladier. 7 — Incorporer la vinaigrette à la sauce de poisson, la coriandre vietnamienne et le piment oiseau. 8 — Garnir d'arachides et d'oignons frits, et servir aussitôt. ×

SALADE TIÈDE DE LISERONS D'EAU AU BŒUF
— GỎI RAU MUỐNG

(4 à 6 portions ✕ Préparation 30 min. ✕ Cuisson 5 min.)

INGRÉDIENTS

- 1 botte de liserons d'eau
- Huile d'arachide, pour la cuisson
- ½ lb (225 g) de faux-filet de bœuf, coupé en lamelles
- 1 oignon, coupé en pétales
- 1 gousse d'ail, hachée

- 2 c. à soupe (30 ml) de sauce de poisson
- ¼ tasse de lamelles d'échalote française marinées (p. 41)
- ¼ tasse (60 ml) d'arachides concassées
- Sauce de poisson diluée (p. 33), au goût

PRÉPARATION

1 — À l'aide d'un couteau bien affûté, détailler les liserons d'eau en longs filaments et les déposer au fur et à mesure dans un grand bol d'eau froide. 2 — Lorsque les filaments sont tous bien frisés, les retirer de l'eau et les mettre à égoutter dans une passoire pendant quelques minutes en les remuant régulièrement. 3 — Faire chauffer un filet d'huile dans une poêle antiadhésive à feu vif et y faire revenir l'oignon et l'ail pendant 1 minute. 4 — Ajouter les lamelles de bœuf et poursuivre la cuisson pendant 1 minute. 5 — Verser la sauce de poisson et bien remuer. 6 — Déposer les filaments de liserons dans un saladier, ajouter le bœuf et son jus de cuisson, les lamelles d'échalote et les arachides, et bien incorporer. 7 — Servir tiède, accompagné de ramequins de sauce de poisson diluée. ✕

Les liserons d'eau peuvent être remplacés par du cresson ou de la chicorée frisée.

TANTE 7 — *LÝ KIM HẠNH*

Elle adore non pas la friture mais l'action de frire.

Elle aime voir les bulles d'huile, rester à côté de cette chaleur pour retourner des bâtonnets de patate douce, des boules de pâte au sésame, une tranche d'aubergine panée... Elle est hypnotisée par l'odeur, ou peut-être par le danger. Frire représente un risque qu'elle connaît bien, car elle s'est brûlée en renversant accidentellement un chaudron d'huile bouillante sur sa main. Elle ne peut pas effectuer une addition avec retenue, mesurer 100 grammes de farine ni vivre seule. Mais elle triomphe dans les bananes frites et maîtrise l'art de la conversation mieux que ses sœurs.

LES GRILLADES ET LA FRITURE

AILES DE POULET FRITES — *CANH GÀ CHIÊN*

(4 portions ✕ Préparation 10 min.+ temps de macération ✕ Cuisson 15 min.)

INGRÉDIENTS

• 1 lb (454 g) d'ailes de poulet, séparées en 2

• 1 gousse d'ail, hachée

• ¼ tasse (60 ml) de sauce de poisson

• Poivre

• 1 tasse (250 ml) de farine de riz
ou de fécule de maïs

• Huile d'arachide, pour la friture

• Feuilles de banane, pour la décoration (facultatif)

PRÉPARATION

1 — Mettre les ailes de poulet, l'ail et la sauce de poisson dans un cul-de-poule, poivrer généreusement, bien remuer et laisser reposer pendant 5 minutes. **2** — Verser 1 cm (⅓ po) d'huile dans le fond d'une grande poêle en inox chauffée à feu moyen-vif. **3** — Mettre la farine de riz dans un autre cul-de-poule. **4** — Retirer les ailes de poulet de la marinade en les égouttant sommairement et les rouler rapidement dans la farine de façon à bien les enrober. **5** — Déposer les ailes côte à côte dans l'huile chaude et cuire de 10 à 15 minutes ou jusqu'à ce qu'elles soient bien dorées et cuites à cœur. **6** — Disposer les ailes sur une feuille de bananier ou dans un plat de service, et servir aussitôt. ✕

CUISSES DE GRENOUILLE — ĐÙI ẾCH BƠ TỎI

(4 portions ✕ Préparation 10 min. ✕ Cuisson 10 min.)

INGRÉDIENTS

- Sel et poivre
- 1 tasse (250 ml) de farine de riz
- 1 lb (454 g) de cuisses de grenouille
- Huile végétale, pour la cuisson
- ¼ lb (115 g) de beurre salé
- 2 gousses d'ail, hachées grossièrement

PRÉPARATION

1 — Mélanger le poivre, le sel et la farine de riz dans un cul-de-poule. **2** — Rouler les cuisses dans ce mélange. **3** — Verser un bon filet d'huile dans une grande poêle en inox chauffée à feu moyen-vif et y faire revenir les cuisses de grenouille jusqu'à belle coloration des 2 côtés. **4** — Dans une autre poêle, fondre 2 cuillères à soupe de beurre et y faire revenir l'ail à feu vif, jusqu'à ce qu'il commence à colorer. **5** — Ajouter le reste du beurre, baisser le feu et cuire jusqu'à ce qu'il soit complètement fondu. **6** — Transférer les cuisses dans un plat de service, arroser de beurre à l'ail et servir aussitôt. ✕

DARNE DE SAUMON ET SES DEUX GARNITURES
— *CÁ CHIÊN*

(4 portions ✕ Préparation 15 min. ✕ Cuisson 10 min.)

INGRÉDIENTS

• Huile d'arachide, pour la friture

• Sel et poivre

• 4 darnes de saumon (environ 175 g chacune)

• Une poignée de feuilles de coriandre

• 2 tasses (500 ml) de riz jasmin, cuit (p. 39)

PRÉPARATION

1 — Faire chauffer une grande poêle en inox à feu moyen-vif, couvrir le fond de 1 cm (⅓ po) d'huile, saler et poivrer les darnes de saumon et les frire pendant 3 minutes de chaque côté. **2** — Retirer et réserver sur une assiette doublée de deux épaisseurs de papier absorbant. **3** — Déposer les darnes dans un grand plat de service, recouvrir de la garniture choisie (page suivante) et décorer de feuilles de coriandre. **4** — Servir aussitôt, accompagné de riz jasmin. ✕

Les Vietnamiens cuisinent souvent le poisson entier,
car ils adorent le croustillant de la queue et des nageoires.

GARNITURE DE TOMATE — *SỐT CÀ*

(Préparation 20 min. ✗ Cuisson 20 min.)

INGRÉDIENTS

- Huile d'arachide, pour la cuisson
- 1 poivron vert, coupé en dés
- 2 grosses tomates rouges, coupées en dés
- 1 carotte, râpée

- 1 c. à soupe (15 ml) de sauce de poisson
- Poivre
- Sauce de poisson diluée (p. 33), au goût
- 1 piment oiseau, haché finement, au goût

PRÉPARATION

1 — Chauffer une petite poêle à feu moyen-vif, verser un filet d'huile et y faire revenir les dés de poivron vert pendant 5 minutes, sans coloration. **2** — Ajouter les dés de tomate et poursuivre la cuisson pendant 1 minute. Incorporer la carotte râpée et la sauce de poisson, poivrer, bien mélanger, cuire encore 1 minute, retirer du feu. **3** — Servir chaud sur les darnes de saumon, accompagné de sauce de poisson diluée et de piment oiseau, au goût. ✗

GARNITURE DE MANGUE ET GINGEMBRE — *XOÀI CHUA*

(Préparation 20 min.)

INGRÉDIENTS

- 3 c. à soupe (45 ml) de sauce de poisson diluée (p. 33)
- 2 c. à soupe (30 ml) de purée de gingembre
- 1 gousse d'ail, hachée

- 1 mangue (verte si possible), coupée en julienne
- Coriandre
- Piment, au goût

PRÉPARATION

1 — Verser la sauce de poisson diluée dans un bol, ajouter la purée de gingembre et l'ail et bien mélanger. **2** — Déposer les darnes de saumon dans un plat de service et les couvrir avec la julienne de mangue verte. **3** — Verser la sauce de poisson au gingembre de façon à bien imbiber la julienne. Servir aussitôt, garni de feuilles de coriandre et de piment, au goût. ✗

POISSONS FRITS À LA CITRONNELLE — *CÁ CHIÊN SẢ*

(4 portions ✕ Préparation 15 min. + temps de repos ✕ Cuisson 10 min.)

INGRÉDIENTS

• 1 lb (454 g) de petits poissons à chair blanche (éperlans, *butterfish*, anchois)

• ⅔ tasse (170 ml) de citronnelle, hachée

• 1 c. à thé de sel

• 1 piment oiseau, haché finement

• Huile d'arachide, pour la cuisson

• 1 gousse d'ail, hachée

• 2 tasses (500 ml) de riz jasmin, cuit (p. 39)

• Sauce de poisson diluée, au goût (p. 33)

PRÉPARATION

1 — Parer, laver et bien assécher les poissons. Déposer la citronnelle, le sel et le piment oiseau dans une assiette creuse, bien mélanger, ajouter les poissons et les rouler dans le mélange. 2 — Laisser reposer 5 minutes et rouler de nouveau. 3 — Au moment du service, couvrir le fond d'une grande poêle en inox de 1 cm (1/3 po) d'huile et y faire frire les poissons avec la garniture de citronnelle jusqu'à ce qu'ils soient bien dorés de chaque côté. 4 — Ajouter l'ail et poursuivre la cuisson pendant 2 minutes en retournant les poissons à quelques reprises. 5 — Servir aussitôt, accompagné de riz jasmin et de ramequins de sauce de poisson diluée. ✕

«Il y avait beaucoup de mots dont Maman ne connaissait pas le sens. Heureusement, nous vivions tout près d'un dictionnaire vivant. Il était plus vieux que Maman. Les voisins le considéraient comme fou parce qu'il se plaçait chaque jour sous le jambosier, où il récitait des mots en français et leurs définitions. Son dictionnaire, qu'il avait tenu contre lui pendant toute sa jeunesse, avait été confisqué mais il continuait à tourner les pages dans sa tête. Il suffisait que je lui lance un mot à travers le grillage qui nous séparait pour qu'il m'en donne la définition. Exceptionnellement, il m'avait offert la plus rose des jamboses de la grappe suspendue juste au-dessus de sa tête quand je lui avais soumis le mot ``humer''.

— Humer : aspirer par le nez pour sentir. Humer l'air. Humer le vent. Humer le brouillard. Hume le fruit ! Hume ! Jambose, aussi appelée pomme d'amour en Guyane. Hume !

Après cette leçon, je n'ai plus jamais mangé de pomme d'amour sans d'abord en humer la peau lustrée rose fuchsia d'une fraîcheur innocente, presque hypnotisante. »

Extrait de *mãn*, p. 59, Libre Expression, 2013

BŒUF LA LÔT — *BÒ LÁ LỐT*

(Environ 30 rouleaux ✕ Préparation 40 min. + temps de macération ✕ Cuisson 15 à 30 min.)

INGRÉDIENTS

- 1 lb (454 g) de bœuf haché
- ½ lb (225 g) de porc haché
- ½ tasse (125 ml) d'arachides, grossièrement hachées
- 1 gousse d'ail, finement hachée
- 3 c. à soupe (45 ml) de citronnelle, finement hachée

- Sel
- ¼ tasse (60 ml) de sauce soya
- 3 c. à soupe (45 ml) de rhum
- 1 bouquet de feuilles de bétel (30 grandes feuilles)
- Sauce de poisson diluée (p. 33), au goût

PRÉPARATION

1 — Déposer le bœuf et le porc hachés dans un cul-de-poule, ajouter les arachides, l'ail et la citronnelle, saler légèrement et bien mélanger. 2 — Verser la sauce soya et le rhum sur la préparation de viandes et bien incorporer. Couvrir d'une pellicule plastique et mettre à mariner au réfrigérateur pendant 30 minutes. 3 — Lorsque le temps de macération est terminé, déposer une petite cuillerée d'appareil au centre d'une feuille de bétel, rouler le tout et piquer la queue dans le limbe pour sceller le rouleau. Répéter l'opération avec le reste des feuilles et de la farce. 4 — Cuire les rouleaux sur une poêle-gril ou sur le barbecue de 10 à 15 minutes en les retournant régulièrement, ou préchauffer le four à 350 °F (180 °C), déposer les rouleaux sur une plaque doublée d'un papier d'aluminium et cuire pendant 30 minutes. 5 — Servir accompagné de ramequins de sauce de poisson diluée. ✕

Si on ne trouve pas de feuilles de bétel, on pourra faire la recette en roulant l'appareil de viandes dans des feuilles de kale.

BROCHETTES DE PORC ET DE BŒUF
— XIÊNG BÒ & HEO NƯỚNG

(8 brochettes × Préparation 30 min. + temps de macération × Cuisson 6 min.)

INGRÉDIENTS

- 1 lb (454 g) de flanc de porc, avec couenne
- 1 lb (454 g) de flanc de bœuf, avec couenne
- 8 baguettes de bambou chinoises (plates)
- ½ tasse (125 ml) de sauce de poisson
- ½ tasse (125 ml) de sirop d'érable
- ½ tasse (125 ml) d'eau

- 2 gousses d'ail, hachées finement
- 1 petit oignon jaune, haché finement
- ½ tasse (125 ml) de citronnelle, hachée, ou ¼ tasse (60 ml) de gingembre, haché
- 1 bol de vermicelles garnis (p. 66)
- Sauce de poisson diluée, au goût (p. 33)

PRÉPARATION

1 — Couper les flancs de porc et de bœuf en fines lanières et les piquer sur les baguettes. 2 — Déposer les brochettes dans un grand plat rectangulaire. 3 — Dans un bol, verser la sauce de poisson, le sirop d'érable, l'eau, l'ail, l'oignon et la citronnelle (ou le gingembre) et bien mélanger. 4 — Verser la marinade sur les brochettes, couvrir d'une pellicule plastique et mettre au réfrigérateur pendant 1 heure, en les retournant après 30 minutes. 5 — Au moment du service, retirer les brochettes de la marinade et les cuire sur une plaque striée ou sur le barbecue, à chaleur directe, 3 minutes de chaque côté ou jusqu'à belle caramélisation. 6 — Déposer les brochettes dans le bol de vermicelles garnis. 7 — Verser la sauce de poisson diluée et mélanger le tout. ×

BOULETTES DE PORC HACHÉ À LA VIETNAMIENNE
— *NEM NƯỚNG*

(16 brochettes ✗ Préparation 30 min. ✗ Cuisson 10 min.)

INGRÉDIENTS

- 2 lb (900 g) de porc haché
- 2 c. à soupe (30 ml) de farine de riz grillé (p. 37) ou du commerce
- 1 c. à soupe (15 ml) de sucre
- 1 c. à soupe (15 ml) de rhum
- ½ c. à soupe (7,5 ml) de poudre à pâte
- 1 c. à soupe (15 ml) de sauce de poisson
- 1 gousse d'ail, hachée

- Sel
- 16 baguettes de bambou chinoises (plates), trempées dans l'eau
- Sauce à l'oignon vert (p. 34), au goût
- ¼ tasse (60 ml) d'arachides concassées
- 1 recette de sauce hoisin aromatisée (p. 35)
- 1 assiette de vermicelles, légumes et fines herbes (p. 42)
- 1 paquet de feuilles de riz

PRÉPARATION

1 — Mettre le porc haché, la farine de riz grillé, le sucre, le rhum, la poudre à pâte, la sauce de poisson et l'ail dans un grand bol, saler et bien incorporer en travaillant avec les mains. **2** — Séparer le mélange en boules d'environ ¼ de tasse (60 ml) et les façonner en boudins de 2,5 cm (1 po) de diamètre. **3** — Enfiler chaque boudin sur une brochette en pressant bien pour faire adhérer l'appareil aux baguettes. **4** — Faire chauffer le barbecue ou une poêle-gril à feu vif et cuire les brochettes en les retournant régulièrement, pendant 10 minutes. **5** — Arroser de sauce à l'oignon vert les brochettes mises dans une assiette. **6** — Ajouter des arachides concassées. **7** — Déposer un ramequin de sauce hoisin aromatisée devant chaque convive. Servir le plat de brochettes et l'assiette de vermicelles, légumes et fines herbes au centre de la table avec la pile de feuilles de riz et un bol d'eau tiède. **8** — Chacun humidifie une feuille de riz et compose son rouleau à sa façon, avant de le tremper dans la sauce hoisin aromatisée. ✗

POISSON GRILLÉ AU FOUR — *CÁ NƯỚNG*

(6 à 8 portions ✗ Préparation 30 min. ✗ Cuisson 30 min.)

INGRÉDIENTS

- 1 tasse (250 ml) d'huile végétale
- Sel et poivre
- 1 bar rayé entier, d'environ 3 lb (1,5 kg)
- 1 tasse (250 ml) de mini-cubes de pain rassis
- 12-15 oignons verts, coupés en rondelles
- ½ tasse (125 ml) de sucre

- 1 c. à soupe (15 ml) de sel
- 1 tasse (250 ml) de sauce de poisson diluée (p. 33)
- 2 c. à soupe (30 ml) de purée de gingembre
- ½ tasse (125 ml) d'arachides concassées
- 1 assiette de vermicelles, légumes et fines herbes (p. 42)
- 1 paquet de feuilles de riz

PRÉPARATION

1 — Préchauffer le four à 375 °F (190 °C). **2** — Huiler, saler et poivrer le poisson, intérieur et extérieur, et le placer sur une plaque recouverte de papier parchemin. Enfourner et cuire pendant 30 minutes. **3** — Dans une poêle chauffée à feu moyen-vif, faire frire les croûtons dans un filet d'huile jusqu'à belle coloration. Les mettre sur un papier absorbant et réserver. **4** — Verser 1 tasse (250 ml) d'huile dans une grande poêle en inox et faire chauffer à feu moyen-vif. **5** — Ajouter le sucre et le sel. Attendre une minute avant d'ajouter les oignons verts. Bien remuer, porter à frémissement et retirer du feu. **6** — Mélanger la sauce de poisson diluée avec la purée de gingembre et répartir le tout dans des ramequins. **7** — Lorsque le poisson est cuit, le transférer dans un grand plat de service, le couvrir de la sauce à l'oignon vert (point 5) et le parsemer de croûtons frits et d'arachides concassées. **8** — Servir 1 ramequin de sauce de poisson au gingembre à chaque convive. Déposer le poisson et l'assiette de vermicelles, légumes et fines herbes au centre de la table avec la pile de feuilles de riz. **9** — Chacun humidifie une feuille de riz et compose son rouleau à sa façon avant de le tremper dans la sauce de poisson au gingembre. ✗

On peut aussi préparer la recette avec des filets de poisson,
en adaptant le temps de cuisson au besoin.

TANTE 8 — *LÝ KIM NHÂN*

J'ai partagé la même chambre et dormi dans le même lit que ma Tante 8 pendant deux ans à notre arrivée au Canada.

Un soir, elle m'a demandé ce que voulait dire le mot « déesse ». Nous ne savions ni l'une ni l'autre comment épeler ce mot. Nous avons commencé par chercher « esses » en pensant que c'était « des esses ». Quand nous avons finalement trouvé « déesse », elle m'a raconté qu'un Québécois qui voyageait dans l'autobus qu'elle prenait tous les matins à la même heure l'avait finalement abordée. Il lui avait donné rendez-vous pour un pique-nique dans le parc en face de notre appartement. C'était l'été et elle portait des sandales munies de cordes qui exposaient ses pieds. Alors qu'ils étaient assis sur l'herbe pour manger, il avait caressé ses orteils nus en disant « déesse ». Depuis, je rêve à ce mot offert par un prétendant de ma Tante 8, une beauté éternelle.

LA CUISSON LONGUE

RAGOÛT DE BŒUF À LA CITRONNELLE — *BÒ KHO*

(6 portions ✕ Préparation 30 min. ✕ Cuisson 1 h 45)

INGRÉDIENTS

- 1 rôti de palette de bœuf, avec os (environ 3 lb/1,5 kg)
- Huile végétale, pour la cuisson
- 4 tiges de citronnelle fraîche
- 1 oignon, coupé en 8
- 2 carottes, coupées en tronçons
- 1 c. à soupe (15 ml) de cari de Madras

- 1 c. à soupe (15 ml) de cinq-épices
- 2 tomates fraîches, coupées en 8
- 4 tasses (1 l) d'eau
- Sel et poivre
- Pâtes de riz plates, cuites
- 1 recette de daïkon mariné (p. 41)
- Basilic thaïlandais

PRÉPARATION

1 — Enlever le ou les os de la palette et les réserver. 2 — Détailler la palette en gros cubes. 3 — Dans un faitout chauffé à feu vif, faire revenir l'os dans un bon filet d'huile, jusqu'à belle coloration. Retirer et réserver. 4 — Ajouter de l'huile au besoin et y faire revenir les cubes de bœuf. Retirer et réserver. 5 — Couper les tiges de citronnelle en 2, puis les écraser avec le plat d'un couteau de chef. 6 — Verser de l'huile dans le faitout et y faire revenir les tiges de citronnelle avec l'oignon et les carottes, jusqu'à légère coloration. 7 — Remettre les cubes de bœuf et les os, saupoudrer de cari et de cinq-épices et bien mélanger. 8 — Ajouter les quartiers de tomate et l'eau, saler et poivrer, porter à frémissement, couvrir à demi et cuire pendant 1 h 30 ou jusqu'à ce que la viande se défasse à la fourchette. 9 — Enlever les tiges de citronnelle et servir avec des pâtes de riz plates, du daïkon mariné et quelques tiges de basilic thaïlandais. ✕

Il est également délicieux de servir ce bœuf avec une baguette : le pain absorbe la sauce comme si l'Orient ne pouvait exister sans l'Occident et vice versa.

PAIN DE VIANDE AU BŒUF ET À L'OIGNON
— THỊT BÒ CHƯNG

(8 portions **×** Préparation 15 min. **×** Cuisson 1 h)

INGRÉDIENTS

- 2 oignons
- 2 lb (900 g) de bœuf haché
- 3 gousses d'ail, hachées finement
- ¼ tasse (60 ml) de sauce soya
- Poivre

- 2-3 concombres libanais, coupés en bâtonnets
- Riz jasmin, cuit (p. 39)
- Sauce soya, au goût
- Piment oiseau, au goût

PRÉPARATION

1 — Hacher 1 oignon et couper l'autre en tranches. Mettre le bœuf, l'oignon haché, l'ail et la sauce soya dans un bol, poivrer généreusement et bien mélanger. **2** — Huiler un moule à pain d'une contenance de 1,5 l (6 tasses), y presser le mélange et couvrir le tout avec les tranches d'oignon. **3** — Déposer le moule dans un grand plat rectangulaire, verser de l'eau bouillante à mi-hauteur, enfourner et cuire pendant 1 heure. **4** — Servir chaud, tiède ou froid, accompagné de bâtonnets de concombre, de riz jasmin, de ramequins de sauce soya et de piment oiseau, au goût. **×**

LE DÉJEUNER

Un de mes premiers devoirs au Québec était de décrire mon petit-déjeuner. Devant nos réponses, Marie-France, notre enseignante, mimait le réveil en s'étirant, en se frottant les yeux, en sortant du lit, car elle croyait que nous ne comprenions pas sa question. Nous étions huit petits Vietnamiens à lui répéter presque les mêmes mots : « Riz, porc, soupe. » Il a fallu l'intervention téléphonique de mes parents, qui parlaient déjà français, pour traduire non pas les mots mais les traditions alimentaires des deux cultures.

On dit souvent que, pour connaître la langue maternelle d'une personne, on lui demande la langue dans laquelle elle compte. Dans mon cas, c'est le petit-déjeuner qui révèle que je ne suis pas encore une « pure laine » malgré mes quarante ans de vie au Québec. Je ne mange toujours pas de céréales ni de toasts. En même temps, j'ai perdu le goût de déjeuner avec une soupe-repas au poulet ou avec du riz accompagné d'un morceau de pain de viande et de bì. Par conséquent, il m'arrive rarement de manger le matin. Je crois avoir transmis cette habitude à mes enfants, qui refusent les petits-déjeuners et partent souvent à l'école le ventre vide !

PAIN DE VIANDE À LA VIETNAMIENNE
— THỊT CHƯNG TRỨNG

(8 portions ✕ Préparation 30 min. ✕ Cuisson 1 h)

INGRÉDIENTS

- 1 paquet (1,6 oz/45 g) de vermicelles de haricots (cheveux d'ange, *glass noodles*)
- 1 lb (454 g) de porc haché
- 1 tasse (250 ml) de champignons, grossièrement hachés
- ½ tasse (125 ml) d'oignon, haché
- 2 œufs + 2 œufs, séparés

- ¼ tasse (60 ml) de sauce de poisson
- Légumes tranchés, au choix (concombre, radis, oignon vert, daïkon, etc.)
- Fines herbes au choix (basilic, coriandre, basilic thaïlandais, coriandre vietnamienne, menthe, etc.)
- 1 recette de sauce à l'oignon vert (p. 34)
- Sauce de poisson diluée (p. 33), au goût

PRÉPARATION

1 — Déposer les cheveux d'ange dans un cul-de-poule, couvrir d'eau foide et laisser reposer pendant 15 minutes en remuant à l'occasion. **2** — Bien égoutter et couper les vermicelles en tronçons de 10 cm (4 po). **3** — Mettre le porc haché, les cheveux d'ange, les champignons et l'oignon dans un grand cul-de-poule et mélanger à pleines mains. **4** — Battre à la fourchette les œufs entiers avec les 2 blancs d'œufs et la sauce de poisson. Verser le tout sur la préparation de viande et bien mélanger. **5** — Allumer le four à 350 °F (180 °C). Transvaser le mélange dans un moule à pain huilé d'une contenance de 6 tasses (1,5 l). Déposer le moule dans un grand plat rectangulaire, verser de l'eau bouillante à mi-hauteur, enfourner et cuire pendant 1 heure. **6** — Dix minutes avant la fin, badigeonner le pain avec les jaunes d'œufs et terminer la cuisson. **7** — Disposer les légumes tranchés et les fines herbes dans un grand plat de service. Portionner le pain de viande et servir chaud, tiède ou froid, garni de sauce à l'oignon vert et accompagné de ramequins de sauce de poisson diluée. ✕

Le pain de viande vietnamien est souvent servi au déjeuner avec du riz, une côtelette de porc grillée et du bì (p. 134).

BÌ

(2 portions × Préparation 45 min. × Cuisson 1 h)

INGRÉDIENTS

• 1 lb (454 g) de longe de porc avec couenne

• Huile d'arachide, pour la cuisson

• 4 gousses d'ail en chemise

• 1 c. à soupe (15 ml) de sucre

• 1 c. à thé (5 ml) de sel

• ⅓ tasse (85 ml) de farine de riz grillé (p. 37) ou du commerce

• Poivre

PRÉPARATION

1 — Couper la longe de porc en 2. 2 — Verser un filet d'huile dans un faitout chauffé à feu moyen, ajouter les gousses d'ail et les morceaux de porc, et les retourner dans l'huile à quelques reprises, sans coloration. 3 — Baisser le feu à doux et poursuivre la cuisson à découvert pendant 45 minutes en les retournant régulièrement. Le porc doit être bien cuit, et l'ail, fondant. 4 — Séparer la couenne de la viande, couper le tout en longs filaments, les déposer dans un grand cul-de-poule et bien mélanger. 5 — Extraire l'ail des gousses, réduire en purée et déposer dans un bol. Ajouter le sucre, le sel et la farine de riz grillé, poivrer et bien mélanger. Verser la purée d'ail sur les filaments de porc et bien incorporer. ×

Pour un repas sur le pouce, servez le bì sur un lit de riz, garni de sauce à l'oignon vert, de légumes marinés et arrosé de 2 cuillerées de sauce poisson diluée.

Le bì peut aussi garnir un pain baguette avec quelques feuilles de coriandre.

La façon la plus rafraîchissante de consommer le bì est dans un bol de vermicelles, d'herbes et de sauce poisson diluée. Ajoutez du piment au goût.

RAGOÛT DE PORC AU CARAMEL — *THỊT KHO*

(6 portions ✕ Préparation 30 min. ✕ Cuisson 2 h 15)

INGRÉDIENTS

- 2 ¼ lb (1 kg) d'épaule de porc désossée, avec ou sans couenne
- Huile d'arachide, pour la cuisson
- 4 gousses d'ail, hachées finement
- ⅓ tasse (85 ml) de cassonade
- 14 oz (400 ml) d'eau de coco

- ¼ tasse (60 ml) de sauce de poisson
- 1 c. à soupe (15 ml) de sauce soya
- Poivre
- 6 œufs durs
- Feuilles de coriandre
- 1 recette de salade de fèves germées (p. 95)

PRÉPARATION

1 — Détailler l'épaule de porc en gros cubes. 2 — Verser un bon filet d'huile dans un faitout chauffé à feu moyen-vif et y faire revenir les morceaux de porc jusqu'à belle coloration. 3 — Ajouter l'ail et poursuivre la cuisson pendant 1 minute en remuant constamment. 4 — Incorporer la cassonade en brassant vivement, et cuire jusqu'à l'obtention d'un caramel dense. Retirer du feu. 5 — Verser l'eau de coco (attention aux éclaboussures) et les sauces de poisson et soya, poivrer généreusement et bien mélanger. 6 — Remettre sur le feu, porter à frémissement, couvrir et cuire à feu doux pendant 2 heures, en remuant à l'occasion. 7 — Vingt minutes avant la fin, ajouter les œufs durs en les roulant bien dans le jus de cuisson. 8 — Servir chaud, parsemé de feuilles de coriandre et accompagné d'une salade de fèves germées. ✕

CHÀ BÔNG

Durant les années où les hommes étaient emprisonnés dans les camps de rééducation, les femmes leur apportaient cette viande séchée qui se garde pendant des mois. Il suffisait d'une pincée pour avoir l'impression d'avoir mangé, en raison du goût salé de la sauce de poisson. Sinon, ils se contentaient de sauterelles, de fourmis et de leur ration d'une arachide par jour. Parfois, ils avaient la chance de s'offrir un repas de fête si un rat imprudent avait osé errer trop près des âmes affamées.

Aujourd'hui, j'ajoute du chà bông aux bols de riz chaud parfumé d'une noisette de beurre. Ou je garnis un morceau de baguette au beurre avec cette poudre de viande et, instantanément, une histoire jaillit comme un conte arrivant d'un pays lointain.

CHÀ BÔNG

(Donne 500 ml ✕ Préparation 45 min. ✕ Cuisson 3 h)

INGRÉDIENTS

• 2 lb (900 g) de longe de porc, sans couenne

• Poivre

• ⅓ tasse (85 ml) de sauce de poisson

• 2 c. à soupe (30 ml) de sucre

• 2 gousses d'ail, hachées finement

PRÉPARATION

1 — Couper la longe de porc en gros cubes, les déposer dans un cul-de-poule et poivrer généreusement. **2** — Ajouter la sauce de poisson, le sucre et l'ail, bien mélanger. **3** — Déposer les cubes marinés dans un faitout avec la marinade, couvrir et cuire à feu doux pendant 2 heures, en remuant régulièrement. **4** — Retirer du feu et laisser tempérer. **5** — Enlever les cubes de porc du bouillon de cuisson et effilocher la chair à l'aide de 2 fourchettes ou d'un batteur à main. **6** — Verser le bouillon de cuisson sur la chair effilochée, bien incorporer et déposer le tout dans une grande poêle. **7** — Chauffer à feu doux en brassant régulièrement, jusqu'à ce que la viande commence à sécher. **8** — À partir de ce moment, poursuivre la cuisson en remuant constamment et en frottant la viande dans le fond de la poêle, jusqu'à l'obtention d'une texture sèche et laineuse. Cette opération peut prendre au moins 45 minutes. **9** — Laisser refroidir la viande complètement et conserver dans un contenant hermétique. Ainsi préparé, le porc se conserve plus d'un an à température ambiante. ✕

VELOUTÉ DE RIZ — *CHÁO*

(Donne 4 portions ✕ Cuisson 2 h)

INGRÉDIENTS

• ½ tasse de riz

• 6 tasses d'eau

PRÉPARATION

1 — Cuire le riz et l'eau dans un faitout, à feu doux, jusqu'à l'obtention d'une texture épaisse comme le gruau chaud. **2** — Servir avec du chà bông ou du porc au caramel (p. 77). ✕

Ce velouté de riz devrait être capable de guérir **toutes** les maladies ! C'est l'équivalent vietnamien de la soupe poulet et nouilles. On doit en manger lorsqu'on est malade.

Un soir, à Hanoi, la marchande de soupes devant mon hôtel m'a préparé un velouté avec des feuilles de shiso coupées en filaments pour guérir ma fièvre. Je me suis sentie mieux presque instantanément. Je ne sais pas si c'était le pouvoir guérisseur de ce velouté ou la bienveillance de ses mains qui a fait effet sur moi.

GRANDE SŒUR 2 — *LÝ THÀNH KIM THÚY*

Ma mère me dit souvent que, heureusement, elle ne m'a pas nommée Thùy, avec l'accent grave au lieu de l'accent aigu, car Thùy veut dire «délicatesse» et je suis tout le contraire.

Je suis d'une infinie impatience. Je ne me souviens pas de la fois où j'ai pu attendre le retour à la maison avant d'ouvrir la boîte de pâtisseries. Très souvent, je n'ai pas d'ustensiles dans la voiture. Alors, je plonge mon index droit dans le crémage. Si je trouve un billet de stationnement en papier épais, je le plie en deux pour l'utiliser comme cuillère. Normalement, il reste la moitié ou un peu moins du gâteau quand j'arrive. Quant à la crème glacée, je la mange directement dans le pot en mordant ce qui se trouve près du bord et en léchant assidûment la partie du milieu. La prochaine fois que vous croiserez sur la route une femme asiatique avec le visage enfoncé dans un pot, vous saurez que c'est moi.

LES DESSERTS ET LES GRIGNOTINES

LA CRÈME GLACÉE

On dit souvent que les Vietnamiens ne se gênent pas pour tout « vietnamiser ». Le fameux bánh mì est d'origine française avec le pâté de foie et la mayonnaise. Mais on y ajoute de la coriandre, des légumes marinés, des bouts de piment frais. Le fromage, qui se limitait à La Vache qui rit pendant mon enfance, se mangeait et se mange toujours avec une banane. Le gâteau d'anniversaire se laisse porter par le puissant parfum du durian. Quant à la crème glacée, les classiques chocolat-fraise-vanille reculent devant le corossol, les feuilles de pandanus, le jeune riz…

Quand j'étais petite, nous savions que la fin des classes approchait quand nous entendions les cloches du marchand de crème glacée nous appeler sur le trottoir. Il en vendait dans des cornets mais aussi dans des petits pains briochés. Encore aujourd'hui, j'aime déguster ma boule de glace dans un pain hamburger ou une tranche de pain fesse. Je vous assure que ma version est plus savoureuse que les sandwichs à la crème glacée.

BANANES GLACÉES — *KEM CHUỐI*

(8 portions × Préparation 30 min. + temps de congélation)

INGRÉDIENTS

- 1 boîte (400 ml) de crème de coco
- 1 pincée de sel
- 1 tasse (250 ml) de flocons de coco sucrés
- 1 tasse (250 ml) d'arachides concassées

- 8 mini-bananes mûres
- 8 baguettes chinoises
- 8 carrés de pellicule plastique

PRÉPARATION

1 — Verser la crème de coco dans une assiette creuse avec le sel. **2** — Déposer les flocons de coco et les arachides dans 2 autres assiettes. **3** — Peler les bananes et les piquer sur les baguettes. **4** — Rouler chaque banane dans la crème de coco puis dans les flocons de coco et finalement dans les arachides. **5** — Déposer les bananes enrobées au fur et à mesure au centre d'un carré de pellicule plastique et les enrouler en pressant légèrement, de façon à bien faire adhérer les garnitures. **6** — Mettre le tout au congélateur et laisser geler pendant au moins 4 heures avant de déguster. ×

Le jus de canne à sucre,
le plus rafraîchissant des jus !

BANANES FRITES — *CHUỐI CHIÊN*

(4 portions ✖ Préparation 20 min. + temps de repos ✖ Cuisson 15 min.)

INGRÉDIENTS

- 1 ½ tasse (175 g) de farine préparée
(Brodie ou autre)
- 1 ½ c. à soupe (22,5 ml) de farine de riz
- ¼ tasse (60 ml) de sucre
- Eau
- 3 bananes très mûres
- Huile, pour la cuisson

PRÉPARATION

1 — Déposer les farines et le sucre dans un cul-de-poule, verser ½ tasse (125 ml) d'eau, bien remuer et ajouter suffisamment d'eau pour obtenir une texture de pâte à crêpe dense. Laisser reposer 10 minutes.
2 — Couper les bananes en 4 et rouler les tronçons dans la pâte en prenant soin de les enrober parfaitement. **3** — Faire chauffer l'huile dans un grand wok ou dans une friteuse (325 °F/160 °C), y plonger les bananes, quelques morceaux à la fois, et cuire pendant 5 minutes ou jusqu'à ce qu'ils soient bien dorés.
4 — Retirer et égoutter sur un papier absorbant. Servir bien chaud. ✖

FLAN AU CARAMEL — *BÁNH FLAN*

(6 portions ✕ Préparation 30 min. + temps de repos ✕ Cuisson 45 min.)

INGRÉDIENTS

• 1½ tasse (375 ml) de sucre

• 3 gros œufs

• 2 c. à soupe (30 ml) d'eau

• 2 tasses (500 ml) de lait

• 1 c. à thé (5 ml) d'extrait de vanille

PRÉPARATION

1 — Préchauffer le four à 350 °F (180 °C). 2 — Battre au fouet la moitié du sucre avec les œufs. 3 — Déposer l'autre moitié du sucre dans une petite casserole, verser l'eau et chauffer le tout à feu moyen, sans brasser, jusqu'à l'obtention d'un beau caramel ambré. 4 — Répartir le caramel chaud dans 6 ramequins et laisser refroidir. 5 — Faire chauffer le lait jusqu'à frémissement. Verser le mélange de sucre et d'œufs dans le lait et répartir l'appareil dans les 6 ramequins. 6 — Mettre un linge à vaisselle dans le fond d'un plat allant au four et y déposer les ramequins côte à côte. Verser de l'eau (chaude, mais non bouillante) dans le plat jusqu'à mi-hauteur des ramequins et enfourner. 7 — Cuire pendant 35 minutes. 8 — Sortir du four, puis retirer les ramequins de l'eau. Laisser refroidir complètement. 9 — Au moment du service, passer un trait de couteau sur le pourtour de chaque ramequin et retourner les flans sur des assiettes à dessert. ✕

On peut déposer une fine tranche d'orange ou de mandarine
au fond de chaque ramequin avant de verser le caramel.

Le flan au caramel se trouve aux quatre coins du Vietnam parce qu'il est devenu un dessert vietnamien et non plus une importation française. Je dois vous avouer que de tous les flans de la Terre, aucun n'égale la version vietnamienne. L'incomparable est celui de ma Tante 8.

LA GOYAVE

Quand mon père a osé dépasser notre budget pour acheter la première goyave à Montréal, il a fait asseoir sa petite famille autour de la table pour nous offrir à chacun une tranche minutieusement coupée. Il nous regardait manger presque en retenant sa respiration. Il pensait nous présenter un nouveau fruit d'un lieu qu'il avait quitté et perdu. Il n'espérait pas que j'aie gardé en mémoire l'endroit exact du goyavier dans notre cour à Saigon. Il ne s'attendait pas que mes frères puissent reconnaître ce fruit. Pourtant, la goyave est devenue le fruit préféré de mon frère Tin, qui le déguste encore avec du sel au piment, comme les Vietnamiens.

SMOOTHIE AU COROSSOL — *SINH TỐ MẢNG CẦU*

(1 portion × Préparation 5 min.)

INGRÉDIENTS

• 1 tasse (250 ml) de chair de corossol (congelée)

• 1 c. à soupe (15 ml) de lait condensé sucré

• Glaçons

• ⅔ tasse (170 ml) d'eau

PRÉPARATION

1 — Déposer tous les ingrédients dans la tasse d'un robot-mélangeur et pulser jusqu'à l'obtention d'une texture homogène. ×

Si vous trouvez un corossol frais, ajoutez 2 cuillères à soupe de lait condensé. Le fruit se mange également nature. La chair de ce fruit est dense, son goût, léger et son parfum, frais.

Avec Marike Paradis,
l'artiste derrière ce livre.

TAPIOCA ET BANANES À LA VIETNAMIENNE — *CHÈ CHUỐI*

(6 portions ✕ Préparation 15 min. ✕ Cuisson 15 min.)

INGRÉDIENTS

- 2 tasses (500 ml) d'eau

- 1 pincée de sel

- ¼ tasse (60 ml) de perles de tapioca

- 3 c. à soupe (45 ml) de sucre

- 1 tasse (250 ml) de lait de coco

- ⅓ tasse (85 ml) d'arachides concassées

- 1 c. à soupe (15 ml) de graines de sésame grillées

- 2 bananes bien mûres,
  pelées et coupées en tranches épaisses

PRÉPARATION

1 — Porter l'eau à ébullition, ajouter le sel et les perles de tapioca, baisser le feu et cuire à frémissement en brassant régulièrement jusqu'à transparence. Retirer du feu. **2** — Ajouter le sucre et le lait de coco, et bien incorporer. **3** — Dans un bol, mélanger les arachides et le sésame grillé. Réserver. **4** — Au moment du service, ajouter les tranches de bananes dans le tapioca tiède et garnir du mélange arachides et sésame grillé. ✕

« Mon père était un passionné d'automobiles. S'il était né à une autre époque et dans un autre lieu, il aurait été un collectionneur. Mais, en ce temps de guerre, il était excessif de garer sa voiture dans une cour d'école pour la retrouver à la fin de la journée recouverte de pétales rouge feu du flamboyant. Il était indécent de rouler pendant deux heures, de parcourir trente-sept kilomètres sur une route de terre, parsemée de crevasses de mines explosées, pour prendre un café avec son grand-père, même si c'était un café rare, issu de fruits de café mangés par des renards mais dont les graines n'avaient pas été digérées. Selon les dires des amateurs, une seule tasse de ce café suffisait pour enivrer puisque les graines passaient par un processus de fermentation dans l'estomac des renards avant de suivre le cours habituel de la nature.

Aujourd'hui, mon père croit encore que le café qui lui est envoyé du Vietnam est le meilleur. Chaque matin, il le prépare en mettant une cuillerée dans un filtre qu'il dépose directement au-dessus du verre. Il y verse de l'eau chaude et regarde les gouttes tomber, une à la fois, sur la couche de lait condensé dans le fond. Ploc... ploc... ploc... Peut-être qu'un jour je lui proposerai de partir avec moi, de refaire le même chemin, pour partager un "café d'excréments de renard" afin de voir le vent dans ses cheveux devenus gris comme ceux de son grand-père. »

Extrait de *À toi*, p. 136, Libre Expression, 2011

BISCUITS AU THÉ MATCHA DE NATHALIE

(48 biscuits ✘ Préparation 20 min. + temps de repos ✘ Cuisson 9-12 min.)

INGRÉDIENTS

- 2 tasses (500 ml) de farine tout usage
- 1 c. à thé (5 ml) de poudre à pâte
- ½ c. à thé (2,5 ml) de bicarbonate de soude
- 2 c. à soupe (30 ml) de poudre de thé matcha
- ⅔ tasse (150 g) de beurre salé
- 1 tasse (200 g) de cassonade
- 2 œufs, battus
- ½ tasse (125 ml) de noix de pin grillées
- 6 ½ oz (200 g) de chocolat blanc, concassé
- Papier ciré ou pellicule plastique

PRÉPARATION

1 — Tamiser la farine, la poudre à pâte, le bicarbonate de soude et la poudre de thé ensemble et réserver. **2** — À l'aide d'un batteur à main ou d'un batteur sur socle, crémer le beurre jusqu'à ce qu'il blanchisse. **3** — Ajouter la cassonade et battre jusqu'à ce que le mélange ait une apparence mousseuse. **4** — Verser les œufs et battre de nouveau. **5** — Incorporer le mélange de farine en 3 temps, en battant bien entre chaque addition. **6** — Ajouter les noix et le chocolat, et battre juste le temps de bien incorporer. **7** — Séparer la pâte en 4 et déposer chaque part au centre d'un carré de papier ciré ou de pellicule plastique. **8** — Former des boudins d'environ 5 cm (2 po) de diamètre, en les roulant sur le plan de travail, et refermer les bouts avec un nœud. **9** — Réfrigérer pendant au moins 2 heures. **10** — Préchauffer le four à 325 °F (165 °C). **11** — Couper chaque rouleau en 10 ou 12 tranches, déposer les biscuits sur une plaque doublée d'une feuille de papier parchemin, enfourner et cuire de 9 à 12 minutes. ✘

Pour faire de beaux rouleaux réguliers, utilisez un tapis à sushis.

Ces rouleaux se conservent 1 semaine au réfrigérateur et 6 mois au congélateur.
(À dégeler au réfrigérateur 24 heures à l'avance.)

Avec la sommelière Michelle Bouffard.

LES ACCORDS METS VIETNAMIENS-VIN

On dit que la nourriture est le messager de l'amour pour les Vietnamiens. La générosité qui s'exprime par une surabondance des bonheurs de la table est un geste d'affection.

La voiture de Kim est comme une cafétéria. Un trajet entre deux destinations, aussi court puisse-t-il être, se fait rarement sans qu'elle offre un smoothie, un biscuit ou une pâtisserie à son passager. Une livraison de soupe faite maison devient son obsession les jours où un virus attaque ceux qu'elle aime. Et même lorsque j'annonce mon menu d'avance, elle apporte un repas entier si je l'invite à manger chez moi.

Kim préfère le plancher de bois au sofa pour les conversations d'après-repas. Mais les discussions sérieuses, elles, ont lieu dans le cadre de porte à la fin de la soirée. Elle ne boit pas (elle confond le fût de chêne avec la ville chinoise Fenghuang). Et heureusement. Parce que les soirées verraient le jour se lever. Debout, avec ou sans manteau, mains vides ou pleines, avec elle l'au revoir se transforme en conversation philosophique qui se termine au petit matin. Quand elle est entourée des siens, le temps s'arrête. Les gestes parlent plus fort que les mots, même pour une auteure.

RIESLING

J'ai toujours cru que les plats d'un pays et le vin d'une région sont comme des journaux intimes. Ils portent en eux l'histoire d'une terre, les préoccupations d'un instant et les émotions du présent. Chaque bouchée, chaque gorgée révèle des secrets à celui qui veut bien écouter.

Deux de mes grandes amies sont vietnamiennes. Même si je n'ai jamais mis les pieds sur le sol de leur pays natal, je n'ai qu'à fermer les yeux et à penser aux saveurs de leur cuisine pour avoir l'impression d'y être. Elles préfèrent le chaud au froid, la douceur à l'amertume. Les arômes des plats offrent une symbiose entre la fraîcheur qui réveille et le sucre qui endort. Une délicieuse distraction qui masque l'intensité du pays que les odeurs traînent.

On combat l'adversité par la résilience. La puissance des ingrédients de la cuisine vietnamienne exige un vin avec la même force de caractère. Le riesling est le candidat idéal. Toujours droit, avec une acidité tranchante et des saveurs aromatiques prononcées, il exsude la fraîcheur. Ne vous laissez pas tromper par ses notes exubérantes qui vacillent entre les agrumes et les fruits à noyau, son corps est beaucoup plus léger qu'il vous le fait croire. Caméléon, il peut être sec, mais aussi légèrement sucré, voire très sucré selon le choix du vigneron. Si sucre résiduel il y a, cela vous donne l'illusion que l'acidité du vin est moins élevée.

À l'instar des plats du pays où le sucre est toujours présent, je préfère les rieslings légèrement sucrés pour une harmonie parfaite avec les recettes vietnamiennes. Je préconise la délicatesse des rieslings allemands, mais le Canada, l'Alsace, l'Autriche et l'Australie offrent aussi de belles possibilités. Pour accompagner les desserts, choisissez les plus sucrés.

On dit du riesling qu'il est un cépage noble. Lorsqu'il voyage, il préserve sa force de caractère, son individualité. Il brille dans les climats plus frais et arrive à survivre à la rigueur des hivers. Sa jovialité et sa légèreté vous font oublier sa nature tranchante et complexe. Muni de bons gènes, dès sa jeunesse il évoque la grandeur, mais, lorsqu'il vieillit, le temps le rend encore plus grand. Sa minéralité devient apparente.

Le chemin d'une vie est tracé par les choix que l'on fait. J'aurais pu vous parler de l'albariño, du gewurztraminer, de l'assyrtiko, du pinot blanc et de bien d'autres. Mais c'est l'histoire de celle qui, ce matin-là, s'est enfuie avec sa famille et s'est laissé porter par la terreur de l'océan pour arriver jusqu'à nous que je voulais vous raconter. La guerrière a en elle les qualités du riesling. Elle continue de semer l'espoir et d'allumer des bougies malgré l'intensité de son passé.

À IMBIBER…

Rien n'est jamais blanc ou noir. Mais il y a des continuités. On peut toujours compter sur l'intensité de la trame aromatique du riesling pour réveiller nos papilles gustatives et sur sa colonne vertébrale pour nous rappeler à l'ordre. Résister à sa tentation est impossible. Voici quelques bonnes maisons pour explorer les nuances de son caractère.

Le riesling peut se transformer en vin de table ou en vin dessert. Les suggestions suivantes parlent des vins de table. Mais il y a des élixirs sucrés pour accompagner les desserts qui valent la peine d'être essayés.

ALLEMAGNE

Les Allemands réservent le trône au riesling. Ses expressions varient de région en région, mais en général il démontre un corps léger et un taux d'alcool assez bas. Plusieurs vins de table ont une touche de sucre résiduel pour équilibrer l'acidité élevée. Mais celui qui préfère un riesling sec pourra aussi trouver de grandes bouteilles. J'affectionne particulièrement ceux de la région de Moselle, Rheingau, Hesse rhénane, Nahe et Pfalz.

✕

MAISONS COUP DE CŒUR : Dr. Loosen, Dönnhoff, Joh. Jos. Prüm, Weingut Klaus Keller, Künstler, Weingut Selbach Oster, Weingut Emrich-Schönleber, Weingut Schäfer-Fröhlich, Weingut Gunderloch

ALSACE

Plus en chair que les rieslings allemands avec un taux d'alcool plus élevé. Les vins de table peuvent être secs ou légèrement sucrés selon la main du producteur.

✕

MAISONS COUP DE CŒUR : Domaine Albert Mann, Domaine Barmès-Buecher, Josmeyer, Domaine Weinbach, Domaine Ostertag, Domaine Marcel Deiss, Domaine Zind-Humbrecht

AUTRICHE

Ni léger ni charnu. Presque toujours sec et souvent austère en jeunesse. Bien qu'il ne soit pas le cépage roi de la région, sa grandeur et son élégance émerveillent. Ceux des régions de Kamptal, Kremstal et Wachau impressionnent particulièrement.

✖

MAISONS COUP DE CŒUR : Weingut Bernhard Ott, Weingut Alzinger Jun., FX Pichler, Weingut Hirsch, Weingut Geyerhof, Weingut Loimer, Weingut Pichler-Krutzler

AUSTRALIE

Les régions de Clare Valley et d'Eden Valley sont synonymes de rieslings secs au corps moyennement charpenté. Les saveurs juteuses de fruit à noyau et de pamplemousse rose sont faciles d'accès. Mais certains, comme ceux de Grosset, ont besoin de quelques années à la cave avant de s'ouvrir.

✖

MAISONS COUP DE CŒUR : Pewsey Vale, Grosset Wines

CANADA

Pour le contemporain et le patriote qui veulent découvrir le terroir de chez nous. La Colombie-Britannique et l'Ontario font des rieslings qui impressionnent. Un des quatre pays mentionnés ci-dessus inspire généralement le choix du style produit.

✖

MAISONS COUP DE CŒUR : Little Farm Winery, Tantalus, Cave Spring Vineyard, Norman Hardie, Mission Hill Family Estate, 13th Street Winery, Cedar Creek Estate Winery, Orofino Vineyards.

Avec la reine de la musique, Monique Giroux.

LES ACCORDS METS VIETNAMIENS-MUSIQUE

*Kim, mon amie... mais pourquoi dire « mon »
quand je devrais dire « notre » ?*

Avec toi, je pourrais parler des heures durant, partir en vacances, cuisiner un banquet pour cent, je serais ton marmiton sans bon sens. Je pourrais imaginer une série en dix épisodes sur ta vie, ton œuvre. T'écouter en opinant du bonnet et sans broncher me raconter ton week-end chez les Einaudi en Italie. Te lire, te relire, mais t'entendre. T'entendre me raconter en ondes ou en coulisses, dans le foyer de Radio-Canada ou assise dans la voiture, un bout palpitant de ta vie palpitante. Parce que tu l'assaisonnes, elle aussi.

Kim sautillante. Liserons d'eau sautés à l'ail toi-même, va !

Kim dansante. Kim émouvante. Et si mon bras est doux comme tu le proclames, geste à l'appui, à tous les étrangers qui passent au hasard de nos rencontres fortuites, tu es force, courage et douceur toi-même.

Les larmes dans tes yeux ne sont jamais loin des éclats de rire dans ta voix. Rince-papilles. Parce que tu vis comme tu respires, tout t'est possible. Tous tes possibles sont infinis. Alors mon choix était grand. J'ai imaginé en guise de cadeau, pour te remercier de tout, quelques chansons. Ton livre, celui-ci, les autres, ta vie, ton chemin, m'ont inspiré une liste de titres disparates. Comme la vie qui n'est jamais tout en gris.

Ces chansons recèlent un peu de toi. J'espère. Je crois.

À toi pour toujours, ta Mo Giroux.

C'EST BEAU LA VIE × Catherine Deneuve et Benjamin Biolay

CE JOUR-LÀ SUR LE MÉKONG × Gabriel Yared

CRÈME GLACÉE × Tristan Malavoy

ÉCRIVAINE × Dumas

GELATO AL LIMON × Paolo Conte

HANOI CAFÉ × Bleu Toucan

HANOI CAFÉ, VERSION INSTRUMENTALE × Ron Korb

HANOI × La grande Sophie

IL Y AVAIT UN JARDIN × Georges Moustaki

LA JOIE DE VIVRE × Monique Leyrac

LES COOKIES DE KIM × Véronique Merveille

LE PETIT PAIN AU CHOCOLAT × Joe Dassin

LES Z'HERBES × Anne Sylvestre

MON PAYS × Gilles Vigneault

NOS MOTS × Luciole

OVER THE RAINBOW × Israel Kamakawiwo'ole

TENIR DEBOUT × David Portelance

TU × Umberto Tozzi

UNE GLACE AU SOLEIL × Gaby Laplante

VIENNE L'AMOUR × Fred Pellerin

REMERCIEMENTS

Dans ce livre, nous sommes plusieurs, chacun jouant un rôle précis.

Moi, je raconte des histoires.

NATHALIE BÉLAND a réussi à écrire les recettes avec les bonnes quantités, les bonnes proportions, la bonne durée de cuisson, malgré mes tentatives de la dérouter avec mes mesures imaginaires : « C'est une cuisson minute ; tu te laves les mains et c'est prêt » ; « Tu coupes l'échalote en trois » ; « Tu retires quand c'est jaune comme le sable sec des îles de la Madeleine ». Elle est d'une patience infinie, du moins avec moi. Surtout, elle est d'une efficacité qui a transformé ce travail de moine en un voyage culinaire à la fois drôle et riche pour mon apprentissage.

ÉRIC RÉGIMBALD est l'homme qui a caramélisé les morceaux de porc un à un avec une pince de chirurgien. Il ne faut pas le dire trop fort, mais son porc caramélisé était presque meilleur que celui de ma mère.

SARAH SCOTT est celle qui se juchait sur le bord de mon bureau sur la pointe des pieds pour prendre des photos de tiges de coriandre et de basilic qui s'évanouissaient toutes les soixante secondes. Je ne cessais de photographier Sarah pendant qu'elle cliquait elle-même. Elle est belle sous tous les angles. De mille façons, elle pouvait rendre une aubergine grillée vivante et un morceau de tofu attirant. Puis elle m'a achevée avec son regard si tendre et si sensible sur mes Vietnamiennes : ma mère et mes tantes.

En plus de Sarah, il y a eu trois autres photographes. GILLES DUFOUR a vu le Vietnam avec des yeux amoureux. Il l'a immortalisé en images avec le même amour et le même émerveillement que moi. TRI est devenu mon petit frère quand je suis arrivée à Hanoi seule et confuse devant un pays méconnu. Ses photos m'ont hantée et me hantent encore. QUÔC a capté la beauté de ma grand-mère, son arrière-grand-mère, peu de temps avant son dernier souffle. Elle a posé pour lui, pour son projet d'études, dans le silence de la complicité de deux personnes qui s'aimaient inconditionnellement.

Entre MARIKE PARADIS et moi, ce fut le coup de foudre dès que nous nous sommes rencontrées pour la couverture de *Ru*. Mon affection et mon admiration pour elle se confirment d'année en année, de projet en projet. Sans Marike, je n'aurais pas eu le courage ni le talent nécessaires pour créer ce livre de recettes. Marike voit ce que je ne réussis pas à illustrer en mots; elle entend mon souffle derrière ma réflexion; elle lit mes doigts même lorsqu'ils sont immobiles. Elle trouve toujours la couleur, le ton, le rythme qui révèlent exactement cet univers impalpable que je désire partager avec vous. Marike est une fée qui réalise mes rêves avant même que j'aie assez de connaissances pour les concevoir. Une douzaine d'années – et douze pouces – me séparent de Marike. Pourtant, j'ai l'impression que nous sommes jumelles lorsque nous feuilletons ensemble des livres dans un coin tranquille d'une librairie... Notre plaisir et notre complicité ont donné naissance à cet ouvrage qui immortalise la délicatesse de la signature et la force du talent de Marike.

6 avril 1923 – 1er janvier 2016

GRAND-MÈRE MATERNELLE — *LÊ KIÊM GƯƠNG*

Elle a eu huit enfants vivants, deux garçons et six filles.
Un mois avant son décès, nous étions quatre générations à défiler
autour de son lit d'hôpital.

Jusqu'à la dernière seconde, elle connaissait le nom de chacun d'entre nous, en plus de nos villes de résidence, de nos métiers, de nos réussites, même les plus petites… Elle s'inquiétait particulièrement de nos vies amoureuses ! Elle voyait nos tristesses derrière nos sourires. Elle entendait nos peurs et nos vertiges. Elle était notre reine, une reine admirative de tous ses descendants. À chacune des graduations, même celle de la maternelle, elle ne pouvait s'empêcher de regretter le décès de son mari : « Pauvre lui, il n'a pas eu ma chance de vivre assez longtemps pour tous ces bonheurs. »

J'ose affirmer que je suis sa préférée parmi ses dix-sept petits-enfants, deux arrière-petits-enfants et une arrière-arrière-petite-fille. Elle aimait répéter que j'étais la preuve que l'intérieur affecte l'extérieur, que nous pouvons nous embellir physiquement sans avoir recours à la chirurgie esthétique.

Ma grand-mère nous complimentait sans gêne ni retenue. Son plus grand talent était de faire croire à chacun que nous étions tous son ou sa préférée. Elle nous aimait tous purement et inconditionnellement, quels que soient nos torts et nos faiblesses. En retour, nous l'avons tous aimée aveuglément et l'aimons encore. Car, entre elle et nous, il y avait la Vie. Aujourd'hui, il reste l'Amour.

INDEX DES RECETTES

... Il y a aussi beaucoup d'hommes dans ma vie.
Un jour, je vous parlerai d'eux, promis.

Cet ouvrage, composé en Andis, a été achevé d'imprimer au Québec
sur les presses de Transcontinental, le dix-huit septembre deux mille dix-sept.